2021 개정 시험 완벽 반영

파고다 토익스피킹

마리아 김 지음

실전 10회

LEVEL 7&8

PAGODA Books

파고다 토익스피킹 실전 10회 LEVEL 7&8

초 판 1쇄 발행 2016년 7월 1일
개정판 1쇄 발행 2021년 10월 22일

지 은 이 | 마리아 김
펴 낸 이 | 고루다
펴 낸 곳 | Wit&Wisdom 도서출판 위트앤위즈덤
임 프 린 트 | PAGODA Books
출 판 등 록 | 2005년 5월 27일 제 300-2005-90호
주   소 | 06614 서울특별시 서초구 강남대로 419, 19층(서초동, 파고다타워)
전   화 | (02) 6940-4070
팩   스 | (02) 536-0660
홈 페 이 지 | www.pagodabook.com

저 작 권 자 | ⓒ 2021 마리아 김

ISBN 978-89-6281-879-6 (13740)

도서출판 위트앤위즈덤   www.pagodabook.com
파고다 어학원   www.pagoda21.com
파고다 인강   www.pagodastar.com
테스트 클리닉   www.testclinic.com

머리말

인생에서 취업과 이직, 승진은 한 사람에게 많은 변화를 가져다 줍니다. 대한민국에서 한 기업에 속해 근무하고자 하는, 혹은 그 안에서 승진을 하고자 하는 분들에게 토익 스피킹 점수는 필수 조건이 되었습니다.

학창 시절에 객관식 질문에서 답을 찍기만 하면 되는 공부를 하다가 갑자기 영어 말하기 시험을 준비하시는 분들이 겪는 어려움을 현장에서 보고 느끼며 깨달은 바가 있습니다. 이 책을 선택한 독자분들 역시 제가 학원에서 만나는 수강생들처럼 평소에 영어를 꾸준히 공부하지 못한 분들이 많을 것입니다.

여러분들이 가장 적은 노력으로 가장 빠른 시간 내에 원하는 점수를 얻을 수 있도록 다양한 방법을 연구한 지 어느덧 12년째입니다. <토익 스피킹 실전 10회>는 수년간의 집필 경험과 연구, 강의를 통해 완성된 주제별 만능 답변을 수록하여, 영어공부를 꾸준히 하기 힘든 학생들도 짧은 시간 내에 원하는 점수를 받을 수 있도록 하였습니다. '유학을 안 다녀와서…', '학창 시절부터 영어를 못해서…'라는 이유로 인생에서 더 좋은 기회를 놓치지 않도록 제가 힘껏 응원하겠습니다.

마지막으로 저에게 '저자'라는 타이틀을 가질 수 있는 영광을 세 번째로 누릴 수 있도록 해 주신 파고다 관계자분들께 깊은 감사의 말씀을 전합니다.

저자 마리아 김

목차

시험 직전 파트별 전략

Actual Test

구성

1 *시험 직전* 파트별 전략

시험장에서 이렇게!

준비 전략 & 답변 전략

실제 시험장에서 꼭 알아야 할 전략을 준비 전략과 답변 전략으로 구분하여 안내!

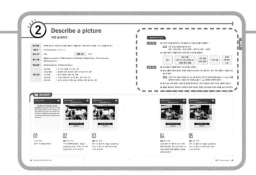

한눈에 보기

TOEIC Speaking 시험 진행 방식을 실제 시험과 100% 동일한 화면으로 구성하여 파트 별 시험 진행 방식을 한눈에 파악!

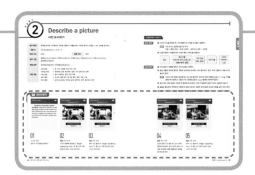

핵심 문제 유형 & 핵심 문제 전략

핵심 문제 유형

파트 별 대표 문제 유형에 대한 모범 답안과 핵심 TIP 제공!

핵심 문제 전략

고득점을 위한 파트 별 핵심 스킬 대공개!

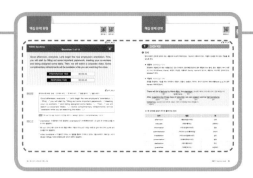

2 Actual Test 10회 + 해설

온라인 모의테스트 활용법

본 책에 수록된 Actual Test 10회분을 온라인에서 실제 시험 형식으로 테스트해 보세요.

1. 온라인 테스트 이용 시, 헤드셋 세팅이 되어야 합니다.

2. www.testclinic.com에 회원 가입 및 로그인 …▶ 교재인증 TEST-토익스피킹 Test-표지 앞 날개의 인증 번호 입력
   …▶ 온라인 시험 응시하기 …▶ 온라인 시험 결과 보기(모범 답안 제공)

NEW TOEIC Speaking 시험 소개

TOEIC Speaking이란?

TOEIC Speaking은 TOEIC 시험 개발 기관인 ETS(Educational Testing Service)에서 개발되었다. TOEIC Speaking 시험은 컴퓨터로 진행되는 영어 말하기 시험이며, 영어로 효과적인 의사소통을 하는데 필요한 능력을 평가하기 위한 시험이다. 지문을 보고 읽거나, 질문을 듣고 말을 하거나, 본인의 생각을 표현해야 한다는 점에서 영어 말하기 시험이지만, 영어의 '말하기, 듣기, 읽기, 쓰기'의 네 가지 영역을 종합적으로 측정하는 시험이다. TOEIC Speaking 시험은 실생활의 영어 구사 능력과 더불어 비즈니스 영역의 영어 구사 능력을 공인 받는 시험이라고 할 수 있다. 컴퓨터로 인해 진행되는 시험이므로, 반드시 문항별 준비 시간과 답변 시간을 파악하고 시험장에 가야 한다.

시험 방식

토익 스피킹 시험은 ETS에서 지정한 응시 센터의 컴퓨터를 매개로 진행된다. 컴퓨터 모니터의 화면을 보고 헤드셋을 통해 음성을 들은 후, 본인의 음성을 녹음하는 방식으로 시험이 진행된다. 시험 시작 전, 본인 확인을 위한 사진 촬영도 있다.

주의 사항

1. 규정 신분증 미 지참자 응시 불가 (사원증, 대학교(원) 학생증 인정 안 됨)

2. 필기구 및 전자 기기 사용 금지

3. 기자재(컴퓨터, 헤드셋 등) 임의 조작 금지

4. 입실 시간제한 (해당 시간의 10분 뒤까지)

5. 음료 반입 금지, 시험 전 사진 촬영 시 모자 착용 금지

시험 구성

파트	문항	문제 유형	준비 시간	답변 시간
PART 1	Q1-2	Read a text aloud 지문 크게 읽기	각 45초	각 45초
PART 2	Q3-4	Describe a picture 사진 묘사하기	각 45초	각 30초
PART 3	Q5-7	Respond to questions 질문에 답하기	각 3초	15초/15초/30초
PART 4	Q8-10	Respond to questions using information provided 표 보고 질문에 답하기	지문 읽는 시간 45초 + 답변 준비 각 3초	15초/15초/30초
PART 5	Q11	Express an opinion 의견 제시하기	30초	60초

응시와 성적 확인 방법

TOEIC Speaking 시험은 주로 매월 토요일과 일요일에 시행되며, 때때로 수요일 저녁 시험이 있는 경우도 있다. 한 달에 많게는 8번, 적게는 4번 정도의 시험이 진행되며, 1일 1~3회의 시험이 있다. 시험 일정은 www.toeicwt.co.kr로 접속하여 응시할 수 있으며, 시험 접수는 시험 당일 2~3일 전까지 같은 사이트를 통해서 할 수 있다. 성적은 응시일로부터 약 5일 (평일 기준) 후에 발표되며, 온라인이나 우편으로 성적표를 받아볼 수 있다. 성적의 유효 기간은 2년이다.

TOEIC Speaking 활용

TOEIC Speaking 성적은 국내의 다수 기업과 학교, 단체에서 활용되고 있다. 신입 사원 채용 시의 기준이 되기도 하며, 많은 학교에서 교환 학생의 선발 기준으로 활용되고 있기도 하다.

TOEIC Speaking & TOEIC 환산 점수

TOEIC Speaking		TOEIC	
레벨	환산 점수	평균 점수	점수 범위
8	200		
	190		
7	180	975	950 ~ 990
	170		
	160		
6	150	910	880 ~ 945
	140	845	815 ~ 875
	130	780	745 ~ 810
5	120	710	675 ~ 740
	110	640	605 ~ 670
4	100	570	535 ~ 600
	90	430	395 ~ 460
	80	370	350 ~ 390
3 and below	70 and below	285	0 ~ 345

성적 기준

PART 1 지문 크게 읽기(Q1-2)

점수: 3점 만점   평가 기준: 발음, 억양, 강세

평	3	사소한 실수나 모국어의 영향이 있으나 알아듣기 매우 쉽다.
가	2	실수나 모국어의 영향이 있으나 전반적으로 알아들을 수 있다.
지	1	모국어의 영향이 커서 지문의 정확한 전달이 불가능하지만 때때로 알아들을 수 있다.
침	0	답변을 하지 않았거나 관련성을 전혀 찾을 수 없다.

PART 2 사진 묘사하기(Q3-4)

점수: 3점 만점   평가 기준: 발음, 문법, 억양, 강세, 어휘, 일관성

평	3	정확한 어휘로 세부 묘사를 하며 사진에 대한 긴밀한 관련성을 전달한다.
가	2	사진에 관한 관련성은 있으나 사진에서 강조된 부분을 놓치거나 중요하지 않은 부분에 치중하여 묘사한다.
지	1	사진에 대한 관련성이 다소 미흡하고 전달된 내용이 제한적이다.
침	0	답을 하지 않았거나 관련성을 전혀 찾을 수 없다.

PART 3 질문에 답하기(Q5-7)

점수: 3점 만점   평가 기준: 발음, 문법, 억양, 강세, 어휘, 일관성, 내용의 연관성, 내용의 완성도

평	3	답변이 적절하고 명료하여 채점자가 쉽게 이해할 수 있다.
가	2	의미가 불분명하지만, 질문에 관한 관련성은 있다.
지	1	질문에 대해 적절하게 답을 하지 않고 있다.
침	0	답을 하지 않았거나 관련성을 전혀 찾을 수 없다.

PART 4 표 보고 질문에 답하기(Q8-10)

점수: 3점 만점   평가 기준: 발음, 문법, 억양, 강세, 어휘, 일관성, 내용의 연관성, 내용의 완성도

평	3	답변이 적절하고 표의 정보를 정확히 말하고 있다.
가	2	질문에 대해 답변은 하지만 표의 정보를 정확히 말하지 않거나 잘못 말하고 있다.
지	1	질문에 대해 적절한 답을 하고 있지 않거나, 표에 나온 정보를 사용하지 않고 있다.
침	0	답을 하지 않았거나 관련성을 전혀 찾을 수 없다.

PART 5 의견 제시하기(Q11)

점수: 5점 만점   평가 기준: 발음, 문법, 억양, 강세, 어휘, 일관성, 내용의 연관성, 내용의 완성도

	5	전반적으로 의사전달이 확실하고, 일관성 있게 근거와 예시로 답변 전개를 해 나간다. 실수가 있을 수 있으나, 말하기 속도가 적당하고, 적절한 어휘를 사용한다.
	4	1개 이상의 근거와 예시로 답변을 풀어나간다. 발음과 억양을 이해하는데 약간의 노력이 필요하고, 일부 어휘는 부정확하다. 대체로 이해하기 쉽고 일관성이 있다.
평 가 지 침	3	말을 이해할 수 있지만, 답변의 전개가 부족하다. 근거에 대한 설명이 없이 답변 일부를 계속 반복해서 말한다. 어휘가 제한적이고, 생각을 확실하게 전달하지 못한다.
	2	답변의 연관성이 아주 부족하다. 질문에 대한 근거를 제시하지 못한다. 반복이 심하고, 머뭇거림이 많다. 발음, 강세, 억양에 문제가 있어 알아듣기 어렵다.
	1	질문이 요구하는 답변을 제시하지 못한다. 또는 질문의 내용을 이해하지 못한다. 질문의 문장 전체를 반복해서 말하거나 답변을 문장보다는 단어와 구문으로 제시한다.
	0	답을 전혀 하지 않거나, 문제와 전혀 다른 말을 한다.

시험 직전

파트별 전략

Read a text aloud
지문 크게 읽기

평가 목적	발음과 억양을 원어민과 영어를 사용하는 사람들이 잘 알아들을 수 있는 정도로 구사할 수 있는지를 측정한다.		
문항 수	2개 (Questions 1-2 of 11)		
준비 시간	45초	답변 시간	45초
평가 기준	발음(pronunciation), 억양(intonation), 강세(stress)		
핵심 능력	유창성(proficiency)		
지문 유형	기내/차내 안내문 ▶ 항공사 기내 안내문, 열차 안내문 등 여행 안내문 ▶ 도심 여행 가이드, 박물관 오디오 가이드 등 라디오 및 TV ▶ 토크쇼 인물 소개, 날씨 안내, 교통 상황 안내 등 광고 안내문 ▶ 제품 판매 안내문, 특별 행사 안내문 등 행사 안내문 ▶ 환영사, 개회사, 폐회사 등 전화 안내문 ▶ 콜센터 안내 메시지, 자동 응답기 메시지 등		

01 한눈에 보기

TOEIC Speaking 🔊

Questions 1-2: Read a text aloud
Directions: In this part of the test, you will read aloud the text on the screen. You will have 45 seconds to prepare. Then you will have 45 seconds to read the text aloud.

TOEIC Speaking 🔊
Question 1 of 11

Good afternoon, everyone. Let's begin the new employee's orientation. First, you will start by filling out some important paperwork, meeting your co-workers and being assigned some tasks. Then, we will watch a corporate video. Some complimentary refreshments will be available while you are watching the video.

PREPARATION TIME
00:00:45

TOEIC Speaking 🔊
Question 1 of 11

Good afternoon, everyone. Let's begin the new employee's orientation. First, you will start by filling out some important paperwork, meeting your co-workers and being assigned some tasks. Then, we will watch a corporate video. Some complimentary refreshments will be available while you are watching the video.

RESPONSE TIME
00:00:45

01
지시문 화면
성우가 지시문을 읽어준다.

02
Q1 준비 화면
지문이 화면에 제시되고 "Begin preparing now."와 '삐' 소리 이후 45초의 준비 시간이 주어진다.

03
Q1 답변 화면
준비 시간 종료 후, "Begin reading aloud now."와 '삐' 소리 이후 45초의 답변 시간이 주어진다.

시험장에서 이렇게!

준비 전략

❶ 준비 시간 45초를 최대한 활용하여 끊어 읽을 부분을 확인한다.

❷ 어느 단어를 강조할지, 어디서 숨을 쉴지, 말 끝을 내릴지 올릴지를 생각한다.

❸ 스스로 조금 어색하게 느껴지는 단어가 있다면 반복해서 읽어 발음을 익힌다.

❹ 한 번 이상 읽어 최대한 자연스럽게 내용을 익혀둔다.

답변 전략

❶ 자신감 있는 목소리로 리드미컬하게 읽으면 강세와 끊어 읽기 부분에서 고득점이 가능하다.

❷ 문장 읽기의 유창성을 보여주어야 하므로, 단어들을 부드럽게 연결해서 읽는 것이 고득점 포인트!

❸ 지문을 읽다가 혹시 잘못 읽었다면, 그 단어부터 다시 읽는다. 아주 사소한 실수는 괜찮으니 침착하게 틀린 부분부터 다시 읽자.

❹ 한 번에 완벽하게 읽었다면, 남은 10~15초는 잠시 기다린다.

TIP 남은 시간이 어색하다고 억지로 빨리 두 번 읽거나 45초를 맞추려고 일부러 느리게 읽을 필요는 없다. 일상생활 대화 속도 정도로 읽고 남은 시간은 기다리면 된다. 화면에 나오는 지문을 보고 읽는 파트이므로, 이 시간에 스크래치 페이퍼를 활용하여 필기를 하기보다는 지문을 소리 내어 읽어보면서 준비 시간과 답변 시간을 효율적으로 활용할 것을 권한다.

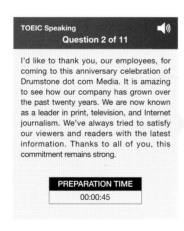

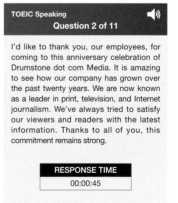

04

Q2 준비 화면

Q1의 답변 시간 종료 후, Q2 지문이 화면에 제시된다. 앞서 Q1의 준비 시간 처럼 45초를 최대한 활용하여 주어진 지문을 연습한다.

05

Q2 답변 화면

45초 동안 강세와 끊어 읽기, 억양에 유의하여 자연스러운 빠르기로 읽는다.

핵심 문제 유형

TOEIC Speaking	Volume 🔊
Question 1 of 11	

Good afternoon, everyone. Let's begin the new employee's orientation. First, you will start by filling out some important paperwork, meeting your co-workers and being assigned some tasks. Then, we will watch a corporate video. Some complimentary refreshments will be available while you are watching the video.

PREPARATION TIME	00:00:45
RESPONSE TIME	00:00:45

모범 답안　굵게 표시된 부분: 강세, /: 반 박자 쉬기, //: 한 박자 쉬기, ↗: 말끝 올리기, ↘: 말끝 내리기

> Good **afternoo**n, everyone. ↘ // Let's be**gin** the new employee's *orien**ta**tion. ↘
> // **First**, ↗ you will s**tart** by *filling **o**ut some important **pa**perwork, ↗ **mee**ting
> your co-workers ↗ and being assigned some **ta**sks. ↘ // Then, ↗ we will
> **wa**tch a corporate ***vi**deo. ↘ // Some complimentary re**fre**shments / will be
> *a**vai**lable / while you are **wa**tching the **vi**deo. ↘ //

어휘　fill out (양식을) 작성하다, (빈칸을) 채우다 | assign 할당하다 | complimentary 무료의

해결 TIP　* orientation: 안내문에서 자주 등장하는 orientation은 /어!뤼엔테!이쉬은–/과 같이 한 단어에 강세를 두 번 주어 발음한다.

* fill out: 단어 2개가 모여 하나의 뜻을 이루는 구동사 fill out은 /피일–라!웃/과 같이 뒤의 단어 out에 보다 강세를 주어 발음한다.

* video/available: v가 들어간 단어는 /v/ 발음을 충분히 인지하고 있다는 것을 보여주기 위해 앞니 세 개 정도를 아랫입술 가운데 부분에 살짝 댔다가 떼면서 발음한다.

🎧 P1_01

1 강세와 억양

❶ 강세

영어 문장은 강하게 읽어야 하는 내용어와 비교적 약하게 읽는 기능어로 이루어져 있다. 적절히 강세를 주어 읽는 연습을 해 보도록 한다.

▶ **내용어** 강하게 읽는 단어

문장에서 전달하고자 하는 내용을 담고 있는 단어로서, 명사(복합 명사의 경우 맨앞에 오는 명사), 동사, 형용사, 부사, 의문사, 수사, 지시사(here, there), 부정어, 최상급, 이름에서 family name이 있으며, 내용어는 아니지만 강하게 읽는 **please**가 있다.

▶ **기능어** 약하게 읽는 단어

문장을 완성하는 기능을 하는 단어로서, 대명사, 조동사, be동사, 전치사, 관사가 있으며, 완료시제(have p.p.)의 경우 **have**는 약하게 읽는다.

> There will be a **le**cture by Maria **Ki**m, the **ma**nager. 관리자인 마리아 김에 의한 강의가 있을 예정입니다.
>   명사   family name   명사
>
> After ex**pe**riencing th**ree** days of **sno**wfall, we can ex**pect** warmer **tem**peratures
>   동명사   수사   명사   동사   명사
> to**mo**rrow. 3일 동안 눈이 내린 후, 내일은 기온이 더 따뜻해질 것으로 예상됩니다.
> 시간부사

★ 한 단어에 강세가 두 번 들어가는 단어

단어	발음	뜻
afternoon	/애!프터얼누!우운/	오후
educate	/에!듀케!이트/	교육하다
information	/이인!포얼메!이쉬은/	정보
administrator	/어드미니스트뤠이터!얼/	관리자
installation	/이인!쓰터얼레!이쉬은/	설치
presentation	/프뤠제엔테!이쉬은/	발표
dedication	/데!디케!이쉬은/	헌신
guarantee	/개!뤄언티!이-/	보장하다

❷ 억양

영어가 리드미컬하게 들리는 이유는 강세 때문이기도 하지만, 문장의 높낮이, 즉 억양 때문이기도 하다. 몇 가지 규칙을 염두에 두고 자연스럽게 읽는 연습을 해보도록 한다.

▶ **끝을 올려 읽는 문장**

be동사, 조동사로 시작하는 의문문은 끝을 올려 읽는다.

Are you looking for a place to eat out tonight? ↗

오늘 밤 외식할 곳을 찾고 있나요?

Do you have a plan to go on a trip this summer? ↗

이번 여름에 여행 계획이 있나요?

▶ **끝을 내려 읽는 문장**

평서문, 명령문, 감탄문, 의문사가 있는 의문문은 끝을 내려 읽는다.

You can visit Maria's restaurant conveniently located on Main Street. ↘

여러분은 편리하게도 메인 스트리트에 위치한 마리아네 식당을 방문할 수 있습니다.

How many items do you have in your house? ↘

당신의 집에 몇 가지의 물건이 있나요?

▶ **단어나 문장이 and/or, 또는 부사절 접속사로 연결될 경우**

단어와 단어/문장과 문장 사이에서 올려 읽고, 마지막 단어/마지막 문장 끝에서 내려 읽는다.

He will travel around the world to places such as America, ↗ Japan ↗ and Australia. ↘

그는 미국, 일본, 호주와 같은 세계 곳곳을 여행할 것이다.

If you make an appointment this week, ↗ you can get extra service for free. ↘

이번 주에 예약을 한다면, 추가 서비스를 무료로 받을 수 있습니다.

🎧 P1_02

2 끊어 읽기

말하기 시험에서 점수를 잘 받을 수 있는 가장 중요한 포인트는 문장의 끊어 읽기이다. 지문의 내용이 잘 전달될 수 있도록 의미상 알맞은 곳에서 적절히 끊어 읽는 연습을 해보도록 한다.

▶ **끊어 읽기 원칙**

- 쉼표(,) 뒤, 마침표(.) 뒤
- 구나 절 앞: /전치사구/, /to부정사구/, /부사구/, /명사구/, /관계절/
- 주어나 목적어가 긴 명사구는 한 덩어리로 읽기: /형용사 + 명사/, /명사 + 명사/, /명사 of 명사/
- /: 반 박자 쉬기, //: 한 박자 쉬기

Next, / I will show you / how to use / this program. //
　　 쉼표 뒤　　　　　　　 to 부정사구　 명사구

다음으로, / 제가 보여 드리겠습니다 / 사용하는 방법을 / 이 프로그램을 //

I will introduce you / to the famous author / who won first prize / in the national competition. //
　　　　　　　　　　 명사구　　　　　　 관계절　　　　　　　 전치사구

저는 여러분에게 소개합니다 / 유명한 작가를 / 1등상을 수상한 / 전국 대회에서 //

3 발음 연습

❶ 유화 현상

▶ t 유화 현상이 일어나는 단어

t음이 모음 사이에 오는 경우 r음으로 약화하여 발음되는 유화 현상이 발생한다.

catalogue /캐럴로-그/	battery /빼러리/	genetic /줘네릭/
Italy /이틀리/	fatal /페이를/	hospital /하-스피를/

▶ t 유화 현상이 일어나지 않는 단어

t음에 강세가 오는 경우 유화 현상이 일어나지 않고 t음으로 그대로 발음된다.

fatality	hospitality	attachment
utility	battalion	twenty

▶ nt 유화 현상이 일어나는 단어

nt음이 강모음과 약모음 사이에 있을 경우 t음은 거의 발음되지 않는다.

center	plenty	mental
quantity	counter	identify

▶ nt 유화 현상이 일어나지 않는 단어

nt 바로 다음에 강세가 오는 경우 유화 현상이 일어나지 않고 그대로 발음된다.

fantastic	antenna	entire
mentality	continue	

❷ 슈와 현상

모음 중에서 강세를 받지 않는 모음은 그 발음이 약화되어 [ə]와 같이 발음된다.

▶ 모음 i에 강세가 없어서 [ə]로 발음된 경우

sentiment [séntɪmənt]	modify [mɑ:dɪfaɪ]	continuity [kɑ̀:ntənú:əti]
legitimate [lɪdʒítɪmət]	policy [pɑ̀:ləsi]	sanity [sǽnəti]

▶ 모음 e에 강세가 없어서 [ə]로 발음된 경우

academy [əkǽdəmi]	elephant [élɪfənt]	category [kǽtəgɔ:ri]
moderate [mɑ́d(ə)rət]	model [mɑ́d(ə)l]	item [áɪtəm]

▶ 모음 a에 강세가 없어서 [ə]로 발음된 경우

career [kərír]	temperature [témprətʃə(r)]	banana [bənǽnə]
vitamin [váɪtəmɪn]	mortal [mɔ́ːrt(ə)l]	bantam [bǽntəm]

❸ 동화 현상

유사한 발음이 만날 때 앞 또는 뒤쪽으로 발음이 동화되는 현상을 말한다.

같은 단자음이 연달아 나오는 경우 첫 음이 생략되고 뒤의 자음부터 소리가 나게 된다.
This Saturday → Thi(s) Saturday /디이(쓰)쎄뤄얼데이-/
want to → wan(t) to /워어언(ㅌ)튜우-/

gas station /깨스때이션/	this spring /디스쁘링/	since Saturday /씬쌔러데이/
how is she /하우이쉬/	space shuttle /쓰뻬이셔를/	as soon as /애쑨애즈/
cruise ship /크루-쉽/	service center /썰비쎄널/	dark color /달-컬럴/

❹ 연음 현상

자음과 모음이 만날 때 한 단어처럼 들리는 현상이다.

think about /띵커바웃/	shot and killed /샤탠킬드/	ask him /애쓰킴/
sick and tired /씨캔타이얼드/	pick up /피컵/	send out /쎈타웃/
give up /기법/	wrap up /뤠펍/	look at /루캩/

▶ 단자음으로 끝나는 단어 + y

단어	발음	단어	발음
if you	/이퓨우-/	make you	/메익-큐우-/
hope you	/호옵퓨우-/	thank you	/때앵큐우-/

▶ 단자음으로 끝나는 단어 + 단모음으로 시작하는 단어

단어	발음	단어	발음
in addition	/이너디쉬은/	take a few minutes	/테익꺼 쀼우 미닛-츠/
each of them	/이잇춰브 데엠/	with an	/위잇더언-/
log in	/로오기인-/	check out	/췌까-웃/

❺ 어미 약음화 현상

특정 형태의 접미사로 끝나는 단어에서 반복적으로 찾아볼 수 있는 발음 현상이다.

▶ -ttle, -ddle, -dle로 끝나는 단어는 끝 발음을 [l]로 발음

se**ttle** /쎄를/	ri**ddle** /뤼들/	i**dle** /아이들/
shu**ttle** /셔를/	mi**ddle** /미들/	cra**dle** /크뤠이들/

▶ -ntly, -tely로 끝나는 단어는 t를 발음하지 않고 앞 발음을 순간적으로 정리했다가 마지막에 [-li]로 발음

appare**ntly** /어패런리/	rece**ntly** /리–슨리/	curre**ntly** /커–런리/
la**tely** /레잍리/	immedia**tely** /이미–디얻리/	comple**tely** /컴플릿–리/

▶ -ift, -eft, -aft로 끝나는 단어는 t를 거의 발음하지 않고, f는 받침으로 발음

l**ift** /맆ㅌ/	l**eft** /렢ㅌ/	sh**aft** /쉢ㅌ/
sw**ift** /스윞ㅌ/	th**eft** /떺ㅌ/	dr**aft** /드랲ㅌ/

▶ -tive로 끝나는 단어는 끝 발음을 [riv]로 발음

sensi**tive** /쎈써리브/	mo**tive** /모우리브/	nega**tive** /네거리브/
na**tive** /네이리브/	posi**tive** /파–저리브/	

❻ 외래어 영향으로 잘못 발음하기 쉬운 단어

단어	틀린 발음	옳은 발음	뜻
discount	/디스카운트/	/디쓰카우운–ㅌ/	명 할인
recreation	/레크레이션/	/뤠크뤼에이쉬은–/	명 오락
model	/모델/	/마아–들/	명 (시험에서 주로) 제품
café	/카페/	/캐풰이–/	명 카페
system	/시스템/	/씨쓰떠엄/	명 시스템, 체계
enjoy	/엔죠이/	/이인줘어–이/	동 즐기다

❼ 동일 어근 단어

단어	발음	뜻
associate	/어쏘우쉬에이트/	통 연합하다
	/어쏘우쉬얼 -/	명 직원
certificate	/써얼티피케이-ㅌ/	통 수여하다
	/써얼티피컷 -/	명 수료증, 증서
estimate	/에쓰티메이-ㅌ/	통 견적을 내다
	/에쓰티멑 -/	명 견적서
exhibit ☆ 품사가 다르나 발음이 같은 단어	/이그지-빝/	통 전시하다
	/이그지-빝/	명 전시물
exhibition	/엑쓰비쉬은-/	명 전시회
exit ☆ 품사가 다르나 발음이 같은 단어	/엑-씨잍-/	통 나가다
	/엑-씨잍-/	명 출구
photo	/포오토오-/	명 사진
photograph	/포오토그뤠-ㅍ/	명 사진
photography	/퍼타아그뤄피-/	명 촬영(술)
photographer	/퍼타아그뤄퍼얼-/	명 사진사

❽ 국가, 도시 이름

단어	발음	단어	발음
Asia	/에이쥐어-/	Europe	/유우러업-/
Africa	/애프뤼카-/	America	/어메뤼카-/
Japan	/재패-앤/	Argentina	/아알젼티너-/
Australia	/아쓰트뤠일리어-/	Athens	/애띠인-즈/
Rome	/로오옴-/	Canada	/캐-너-더/

4 주제별 빈출 표현

PART 1 문제에서 주제별로 자주 나오는 표현을 큰 소리로 여러 번 읽어 보면서 미리 학습하면, 실전에서 자신감 있는 목소리로 시험에 임할 수 있고, 고득점을 달성할 수 있다.

❶ 지역 뉴스

시작 멘트	In local news 지역 소식으로	According to ~ ~에 따르면
지역 단체 및 기관에서 진행하는 일	launch 출시하다 request 요청하다 renovation 보수, 개조 construction 공사	expand 확장하다 estimate 측정하다 assistance 도움 improvement 향상, 개선
행사 장소 관련 표현	the entire city 도시 전체 stadium/arena 경기장 local vendor 지역 상인	county 주, 군 (미국의 지역 단위) food stand 길거리 음식점, 가판대

❷ 교통 방송

시작 멘트	Here is the local traffic report. 지역 교통 방송입니다.	
도로나 길을 지칭하는 표현	highway 고속도로 avenue -가, 가로수 길 boulevard 대로, 가로수 길	road 도로 stretch 쭉뻗은 구간 lane 차선
도로 상황 안내 및 대처 방안 제시	Please plan ahead. 미리 계획을 세워주세요. be advised to ~ ~ 하도록 권고를 받다 You should expect extra travel time. 추가 이동 시간을 예상하셔야 합니다. Please check our website. 저희의 웹사이트를 확인해 주세요.	be encouraged to ~ ~ 하도록 격려받다 be diverted to ~ ~로 우회하다

❸ 관광 안내문

시작 멘트	On today's tour 오늘 여행에서는	
관광 안내 표현	pass by ~를 지나가다 winery 양조장 admire 감상하다	describe 묘사하다 museum 박물관 vineyard 포도밭
공지 및 유의 사항	brochure 안내 책자 personal belongings 개인 소지품들 You will have an opportunity to ~ 여러분은 ~할 기회를 가지게 됩니다 Please don't hesitate to ask me. 망설이지 말고 저에게 물어보세요.	camera 카메라

❹ 연설문, 행사 안내문

시작 멘트	Welcome 환영합니다 Good afternoon 안녕하세요, 좋은 오후입니다 Attention, shoppers! 쇼핑객 여러분들, 주목해 주세요! Thank you for attending ~ ~에 참석해 주셔서 감사합니다
주최 기관 및 행사 종류	orientation 오리엔테이션 organization 기관, 단체 corporate 법인의, 회사의 administrator 관리자, 행정관 banquet 연회 council meeting 위원회 모임
마무리 멘트	without further delay 더 이상의 지체 없이 Let's hear a few words from ~ ~의 말씀을 들어 보도록 하겠습니다

❺ 날씨 방송

시작 멘트	It's time for the upcoming weather forecast. 기상 예보 시간입니다.
날씨 묘사 표현	snowfall 강설 thunderstorm 폭풍우 climate 기후 cold front 한랭전선 rainfall 강우 humidity 습도 wind 바람 warm 따뜻한
마무리 멘트	Enjoy the weather while it lasts! 날씨가 지속되는 동안 즐기세요! You should plan accordingly. 상황에 맞게 계획을 세우셔야 합니다.

❻ 광고문

시작 멘트	Are you looking for ~? ~를 찾고 있나요? we guarantee that ~ 우리는 ~을 보장합니다 look no further than ~ 더 이상 ~ 이외에는 찾지 마세요 Have you been searching for ~? ~을 찾고 계셨나요?
할인 혜택 안내	coupon 쿠폰, 할인권 additional saving 추가 할인 special rate 특별 요금 competitive rate 경쟁력 있는 요금 special discount 특별 할인 celebrate the anniversary 기념일을 축하드려요
마무리 멘트	What's more 게다가 for your convenience 여러분의 편의를 위해 come visit us today 오늘 방문해 보세요 check our website 저희의 웹사이트를 확인해 보세요 If you mention this advertisement 이 광고를 말씀하시는 거라면 call us today 오늘 전화 주세요 Please feel free to ~ 마음껏 ~하세요 We hope to see you there. 그곳에서 여러분을 만나기를 기대합니다.

TIP 광고문 지문에서는 주로 한 번 더 광고하는 물품이나 서비스에 대한 어필을 하며 글을 마무리한다.

❼ 인물 소개

시작 멘트	On our show 우리의 쇼에서 We are going to introduce you ~ 여러분에게 ~를 소개합니다
인물의 직업 및 업적 소개	expert 전문가 professor 교수님 biologist 생물학자 well known 잘 알려진 author 작가 article 기사 novel 소설 poem 시
마무리 멘트	Please join me in welcoming ~ ~를 환영해 주세요 signing event (유명인의) 사인 행사 without further delay 더 이상의 지연 없이 I am excited to ~ ~하게 되어 기쁩니다 Call in (주로 시청자나 청취자에게) 전화 주세요

❽ 전화 녹음 메시지

시작 멘트	Thank you for calling 전화 주셔서 감사합니다 You've reached ~ ~에 연결이 되었습니다
도움 필요 시 연락 방법 안내	extension 내선 번호 account 계좌 store location 매장 위치 business hours 영업 시간 representative 직원 agent 직원 Unfortunately 안타깝게도 For other inquiries 다른 문의 사항들은 Please press one 1번을 눌러 주세요 directions to our store 저희 매장으로 오시는 길 leave us a message 메시지를 남겨 주세요
마무리 멘트	Please stay on the line (수화기를 들고) 잠시만 기다려 주세요 Our agent will assist you 저희 직원이 도와드릴 것입니다

Describe a picture
사진 묘사하기

평가 목적	화면에 제시된 사진에서의 위치별 인물이나 사물을 듣는 이에게 영어로 표현할 수 있는 능력을 평가한다.
문항 수	2개 (Questions 3–4 of 11)
준비 시간	45초 **답변 시간** 30초
평가 기준	발음(pronunciation), 억양(intonation), 강세(stress), 문법(grammar), 어휘(vocabulary), 일관성(cohesion)
핵심 능력	창의성(creativity), 유창성(proficiency)
지문 유형	쇼핑 배경 ❯ 옷 가게, 식료품 가게, 야외 시장 사무실 배경 ❯ 회의하는 장면, 복사하는 장면, 각자 업무 보는 장면 식당 배경 ❯ 음식 주문하는 장면, 야외 카페 실내 배경 ❯ 도서관, 공항 로비, 대기실, 복도, 계단, 주방, 거실 야외 배경 ❯ 길거리, 공사장, 주차장, 농장, 공연하는 장면, 등산하는 장면

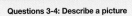

02 한눈에 보기

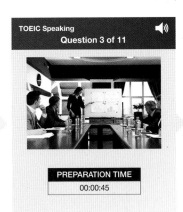

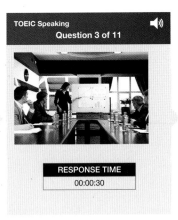

01
지시문 화면
성우가 지시문을 읽어준다.

02
Q3 준비 화면
사진이 화면에 등장하고 "Begin preparing now."와 '삐' 소리 이후 45초의 준비 시간이 주어진다.

03
Q3 답변 화면
준비 시간 종료 후, "Begin speaking now."와 '삐' 소리 이후 30초의 답변 시간이 주어진다.

시험장에서 이렇게!

준비 전략

❶ 사진의 구도를 확인한 후, 어떤 방향으로 사진을 묘사할지 결정한다.

TIP 사진 묘사는 일관된 방향으로 하자!
인물 ⋯▸ 배경/전경 ⋯▸ 후경/오른쪽 ⋯▸ 왼쪽 또는 왼쪽 ⋯▸ 오른쪽

❷ 다음의 말하기 흐름에 따라 사진의 핵심 키워드를 떠올린다.

| 장소 | ⋯▸ | 중심 인물
(머리 색, 머리 스타일, 옷/
인물의 동작, 행동) | ⋯▸ | 주변 인물
(외모, 동작) | ⋯▸ | 주변 사물 | ⋯▸ | 사진의
전반적인
느낌 |

답변 전략

❶ 위의 말하기 흐름에 맞추어 사진 묘사를 시작한다.

❷ 중심 인물의 외모와 동작은 최대한 상세하게 묘사하는 것이 중요하다. 또한, 주변 인물이나 사물 묘사도 놓치지 말자!

TIP 사진은 주로 인물이 동작을 하고 있는 찰나를 찍은 것이므로 현재 진행형(be동사 + V-ing) 시제를 올바르게 사용하고, 사물은 주로 수동태(be동사 + p.p.) 형태로 표현하여 말한다.

❸ 알고 있는 어휘 내에서 가능한 한 풍부하게 묘사하고, 의미가 확실하지 않은 단어는 사용하지 않는다.

❹ 발음도 중요하다! 딱딱하게 기계적으로 말하기보다는 최대한 자연스럽게 강세와 억양을 살려 이야기한다.

❺ 마무리 단계에서는 사진에 대한 주관적인 의견을 말하여 완성도 있게 말을 마무리하는 것이 고득점 포인트!

04

Q4 준비 화면

Q3의 답변 시간 종료 후, Q4 사진이 화면에 제시된다. 앞서 Q3의 준비 시간처럼 45초를 최대한 활용하여 답변을 준비하도록 한다.

05

Q4 답변 화면

준비 시간 종료 후, "Begin speaking now."와 '삐' 소리 이후 30초의 답변 시간이 주어진다.

문제 듣기 답안 듣기

🎧 P2_00_Q

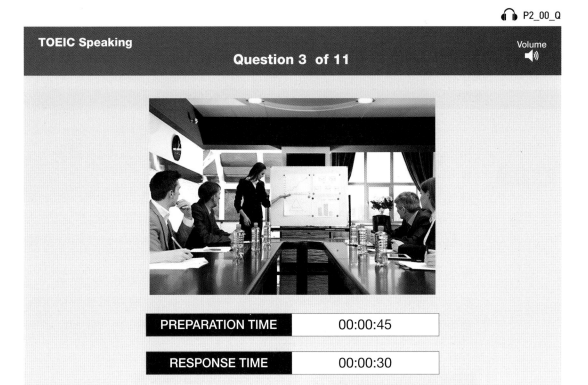

TOEIC Speaking

Volume 🔊

Question 3 of 11

PREPARATION TIME	00:00:45
RESPONSE TIME	00:00:30

그림묘사 준비 단계 전략

아래와 같은 순서로 키워드를 준비한다.

> 사진을 보고 스크래치 페이퍼에 키워드를
> 적으면서 준비할 수 있습니다.

장소	a meeting room
중심 인물의 위치, 옷, 동작	**middle** a suit / giving a presentation
주변 인물의 위치, 동작	**both sides** sitting / paying attention
사물 묘사	**on the table** documents / bottled waters
배경 묘사	**background** a portable board
전반적인 느낌	serious

모범 답안

장소	This is a picture of a meeting room.
중심 인물	There are some people in this picture. In the middle of this picture, there is a woman. She is wearing a suit and giving a presentation.
주변 인물	On both sides of this picture, some people are sitting at a table and paying attention to the presentation.
사물 묘사	On the table, I can see some documents and bottled waters.
배경 묘사	In the background of this picture, a portable board is standing.
전반적인 느낌	Overall, people look serious.

이것은 어느 한 회의실의 사진입니다.

이 사진에는 사람들이 몇 명 있습니다. 사진의 가운데에는, 한 여자가 있습니다. 그녀는 정장 차림이고 발표를 하고 있습니다.

사진의 양쪽에는, 사람들이 테이블에 앉아서 발표에 주목하고 있습니다.

테이블 위에는, 몇 개의 서류들과 생수병들이 보입니다.

사진의 배경에는, 휴대용 칠판이 세워져 있습니다.

전반적으로, 사람들은 진지해 보입니다.

어휘 suit 정장 | give a presentation 발표를 하다 | pay attention to ~에 주목하다 | document 서류 | bottled water (판매용) 생수병 | portable board 휴대용 게시판 | serious 진지한

해결 TIP
❶ _____ : PART 2에서 반복적으로 사용 가능한 패턴이므로 반드시 암기한다.
❷ 주어진 시간 안에 전반적인 내용을 어느 정도 언급했다면 'Overall, ~' 이하를 언급하여 완성도 있는 마무리를 하는 것이 가장 좋다. 하지만, 아직 배경을 묘사하지 못했는데 주어진 시간이 끝나간다면? 일단 설명하고 있던 부분을 끝까지 묘사하여 말하는 중간에 문장이 끊기지 않도록 하자! 사진 묘사에 있어서 발음, 어휘, 문법, 결속성이 더 중요하므로 굳이 'Overall, ~'로 시작하는 문장을 억지로 말하려 하지 말고, 자연스럽고 세밀한 사진 묘사에 더 치중하는 것이 좋다!

Level up! 느낌 표현 정리

사진에서 중심 인물과 주변 인물 및 사물을 묘사할 때 여유롭게 수험자의 느낌까지 더해 준다면 보다 상세한 그림 묘사가 되므로 고득점을 목표로 하는 수험자에게 추천한다.

표현 공식	예시
주어 + look + 형용사	The store looks busy. 가게는 붐비는 것 같습니다. People look relaxed. 사람들은 편안해 보입니다.
주어 + look like + 명사	She looks like a mother. 그녀는 어머니인 것 같습니다. They look like tourists. 그들은 여행객인 것 같습니다.
It looks like + 주어 + 동사 + (목적어) It seems like + 주어 + 동사 + (목적어)	It looks like they are waiting for their turns. 그들은 자신들의 차례를 기다리고 있는 것 같습니다. It seems like he is checking out some books. 그는 책을 대출하고 있는 것 같습니다.

음원 듣기

🎧 P2_01

1 필수 패턴

❶ 사진 묘사

- This is a picture of ▢▢▢▢. 이것은 ~의 사진입니다.
- There are (a few / some / many) people in this picture. 이 사진에는 (몇몇의/약간의/많은) 사람들이 있습니다.

❷ 위치 표현

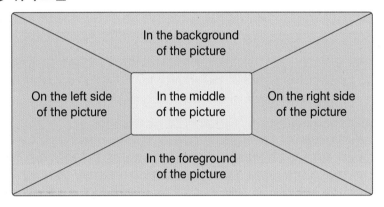

- **위치, there is a 사람.** ~에 …가 있습니다.

- **위치, I can see 사물 이름 / there is a 사물 / there are some 사물s.** ~에 …가/…들이 보입니다.

  TIP 사진에서 가장 많은 부분을 차지하고 있는 위치순으로 묘사한다.

▶ **사진 안에서의 사람이나 사물의 위치 표현**

위치 표현	예시
in ~의 안에	in her bag 그녀의 가방 안에
on ~의 위에	on the table 테이블 위에
under ~의 아래에	under the parasols 파라솔 아래에
next to ~의 옆에	next to him 그 남자 옆에
behind ~의 뒤에	behind the counter 계산대 뒤에
in front of ~의 앞에	in front of the clerk 점원의 앞에
between ~의 사이에	between two people 두 사람 사이에

❸ 인물 외모

▶ **인물의 (헤어)스타일을 나타내는 동사 have**

주어 + have + (헤어)스타일. ~는 …(머리)를 가지고 있습니다.

EX | A man + has + short hair (짧은 머리) / beard (턱수염) / mustache (콧수염).

A woman + has + blond hair (금발 머리) / ponytail (하나로 묶은 머리) / pigtails (양 갈래로 땋은 머리).

☆ 인물의 전반적인 헤어스타일을 이야기할 때 관사 a / an을 사용하지 않도록 한다.

She has a long hair. (X)　　　　She has long hair. (O)

▶ **인물의 옷차림을 묘사하는 동사 be + wearing**

주어 + be + wearing + 옷차림. ~는 …를 입고 있습니다.

EX | A man
A woman
+ is wearing + a formal suit (정장) / jeans (청바지) / casual clothes (편안한 옷차림) /
light clothes (얇은 옷차림) / heavy clothes (두꺼운 옷차림) /
a hat (모자) / sunglasses (선글라스).

☆ 인물의 옷차림을 표현할 때 윗도리는 관사 a / an을 붙여 단수 명사로, 사용하고 바지 종류는 복수 명사로 표현한다.

예외 | a suit (정장) / a uniform (유니폼)은 위 아래를 한 벌로 보아 a를 사용한다.

▶ **인물의 외모와 옷차림을 다르게 표현하는 전치사 with, in**

・인물의 외모를 표현하는 with

사람 + with + 안경/미소/헤어

EX | There is a man with glasses. 안경을 쓴 남자가 있습니다.

・인물의 옷차림을 표현하는 in

사람 + in + 옷차림

EX | There is a man in a formal suit. 정장 차림의 남자가 있습니다.

2　사진 유형별 말하기 흐름

▶ **2인 등장 사진**

장소 → 위치별 인물 (외모 + 동작) → 그 외 사물 → 전반적인 분위기/날씨

▶ **다수 (5인 ~ 7인) 등장 사진**

장소 → 대다수 사람들의 공통점 → 눈에 띄는 1~2명 → 그 외 사물 → 전반적인 분위기/날씨

▶ **군중/풍경 중심 사진**

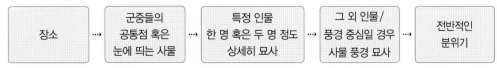

장소 → 군중들의 공통점 혹은 눈에 띄는 사물 → 특정 인물 한 명 혹은 두 명 정도 상세히 묘사 → 그 외 인물/ 풍경 중심일 경우 사물 풍경 묘사 → 전반적인 분위기

3 사진 주제별 빈출 표현

❶ 사무실

making a copy 복사를 하고 있는	using a laptop 노트북을 이용하고 있는
sitting at a desk 책상에 앉아 있는	having a discussion 토론을 하고 있는
shaking hands 악수하고 있는	pointing at a monitor 모니터를 가리키고 있는
giving a presentation 발표하고 있는	taking notes 필기하고 있는
paying attention to the presentation 발표에 주목하고 있는	Some binders are arranged on the shelves. 서류철들이 선반 위에 정돈되어 있습니다.

❷ 직원 식당

a tray 쟁반	a fridge 냉장고
breakroom 휴게실	helping themselves 각자 덜어 먹고 있는
having some food 음식을 먹고 있는	taking a break 잠깐의 휴식을 취하고 있는
picking up some food 음식을 집어 들고 있는	using a coffee machine 커피 기계를 이용하고 있는

❸ 도서관

a lamp (탁상용) 조명	a librarian (도서관) 사서
reading a book 책을 읽고 있는	standing in line 줄 서 있는
handing over (손으로) 건네주고 있는	A book is open. 책이 펼쳐져 있습니다.
taking a book off a shelf 선반에서 책을 꺼내고 있는	flipping through the pages 페이지를 뒤적이고 있는
Some books are piled up. 책들이 쌓여 있습니다.	Many books are arranged on the shelves. 많은 책들이 선반 위에 정돈되어 있습니다.

❹ 복도

railing 난간	having a chit-chat 잡담을 하고 있는
standing in a group 무리 지어 서 있는	standing in a hallway 복도에 서 있는
walking up the stairs 계단을 오르고 있는	pressing a button 버튼을 누르고 있는
holding a binder in one's arm 서류철을 팔에 끼고 있는	holding a take-away coffee cup 테이크 아웃 커피 컵을 들고 있는

❺ 주방

a microwave oven 전자레인지	a cutting board 도마
holding a pot 냄비를 들고 있는	stirring (수프 등을) 젓고 있는
preparing a meal 식사를 준비하고 있는	standing at a sink 싱크대에 서 있는
standing at a kitchen table 조리대에 서 있는	chopping some vegetables 채소를 썰고 있는
using some cooking utensils 조리 도구를 사용하고 있는	Some kitchen cabinets are attached to a wall. 부엌 찬장이 벽에 붙어 있습니다.

❻ 길거리

a signboard 간판	pedestrian 보행자
playing the guitar 기타를 연주하고 있는	walking down a street 길거리를 걷고 있는
watching a performance 공연을 감상하고 있는	performing outside 야외에서 공연을 하고 있는
trees full of green leaves 푸른 잎이 무성한 나무	trees with bare branches 앙상한 가지의 나무
walking with a bicycle 자전거를 끌며 걸어가고 있는	walking on a crosswalk 횡단보도를 건너고 있는
The street is crowded with people. 길거리가 사람들로 붐비고 있습니다.	Some buildings are lined up. 건물들이 늘어서 있습니다.
Some cars are moving on a road. 차들이 도로 위를 달리고 있습니다.	Some cars are parked along a street. 차들이 길을 따라 주차되어 있습니다.

❼ 식료품 가게

a cashier 계산원	shop for groceries 장을 보다
wearing an apron 앞치마를 착용하고 있는	using a cash register 금전 등록기를 이용하고 있는
walking along the aisle 통로를 따라 걷고 있는	holding a shopping basket 쇼핑 바구니를 들고 있는
pushing a shopping cart 쇼핑 카트를 밀고 있는	be displayed in a fridge 냉장실에 진열되다
ringing up some items (금전 등록기에) 상품 가격을 입력하고 있는	paying for one's purchase 자신의 구매 금액을 지불하고 있는

❽ 식당, 외식

a server (식당) 종업원	a showcase 진열장
a menu board 메뉴판	taking an order 주문을 받고 있는
placing an order 주문을 하고 있는	reading a menu 메뉴판을 읽고 있는
serving some food 음식을 (손님에게) 제공하고 있는	dining outside 야외에서 식사를 하고 있는

❾ 농장

a farm 농장	a straw hat 밀짚 모자
taking a picture 사진을 찍고 있는	holding a camera 카메라를 들고 있는
harvesting crops 농작물을 수확하고 있는	posing for a picture 사진 촬영을 위해 포즈를 취하고 있는
crouching down on the ground 땅에 쭈그려 앉은	Many crops are planted. 많은 농작물이 심어져 있습니다.

❿ 버스 정류장, 기차역

a bus stop 버스 정류장	a platform 승강장, 플랫폼
getting on/off a bus/train 버스/열차에(서) 타고/내리고 있는	waiting for a bus/train 버스/열차를 기다리고 있는
checking out the time schedule (버스) 시간표를 확인하고 있는	standing on a platform (기차역의) 승강장에 서 있는
A train is approaching. 열차가 진입하고 있습니다.	A bus has stopped. 버스가 정차했습니다.

⓫ 거실, 집 앞

a living room 거실	a fireplace 벽난로
sitting on a sofa 소파에 앉아 있는	carrying some furniture 가구를 옮기고 있는
Some curtains are drawn. 커튼이 쳐져 있습니다.	A carpet is rolled out on the floor. 카펫이 바닥에 펼쳐져 있습니다.

⓬ 옷가게

a clothing store 옷가게	mannequin 마네킹
a display stand 진열대	holding a hanger 옷걸이를 들고 있는
looking around 구경하고 있는	trying on a jacket 재킷을 입어보고 있는
be displayed on the rack 옷걸이에 진열되다	be crowded with people 사람들로 붐비다

⑬ 야외 시장

a street vendor 노점 상인	a plastic bag 비닐 봉투
an electronic scale 전자 저울	some baskets 바구니들
weighing a product 상품의 무게를 재고 있는	picking up an item 물건을 집어 들고 있는
be displayed on a stand 좌판에 진열되다	Some parasols are put up. 파라솔들이 펼쳐져 있습니다.
Some vegetables are in a container. 채소들이 용기에 담겨 있습니다.	Some banners are hanging from the ceiling. 현수막들이 천장에 매달려 있습니다.

⑭ 공항 로비

a boarding gate 탑승구	a flight attendant (비행기) 승무원
a check-in counter 탑승 수속대	checking in 탑승 수속을 밟고 있는
sitting on a bench 벤치에 앉아 있는	pulling a suitcase 여행 가방을 끌고 있는
holding a briefcase 서류 가방을 들고 있는	waiting for one's flight 자신의 비행기를 기다리고 있는

⑮ 주차장

a parking lot 주차장	loading some luggage 짐을 싣고 있는
going on a business trip 출장을 떠나고 있는	walking side by side 나란히 걸어가고 있는
be ready for a trip 여행을 떠나기 위해 준비가 되다	just finished grocery shopping 이제 막 장보기를 끝내다
A trunk is open. 트렁크가 열려 있습니다.	Many cars are parked. 많은 차들이 주차되어 있습니다.

⑯ 공사 현장

a construction site 공사장	construction vehicle 공사용 차량
holding a shovel 삽을 들고 있는	digging in the ground 땅을 파고 있는
sawing a log 통나무를 톱질하고 있는	pulling a trolley 수레를 끌고 있는
wearing a safety helmet 안전모를 착용하고 있는	Some scaffolds are installed. 비계가 설치되어 있습니다.
There is a yield sign. 양보 표지판이 세워져 있습니다.	The place is under construction. 그곳은 공사 중입니다.

⑰ 창고

a warehouse 창고

be stacked up 쌓여 있다

wearing safety gear 안전 장비를 착용하고 있는

using a tablet PC 태블릿 피시를 사용하고 있는

packing some items 물건을 포장하고 있는

an assembly line 조립 공정

pulling a cart 수레를 끌고 있는

checking the stock 재고를 확인하고 있는

loading some boxes 박스를 싣고 있는

⑱ 실험실

a laboratory 실험실

wearing a lab coat 실험복을 입고 있는

doing an experiment 실험을 하고 있는

laboratory machines 실험실 기계들

bending forward 몸을 앞으로 숙이고 있는

looking into a microscope 현미경 안을 들여다보고 있는

토익 스피킹 채점에서 크게 중요하진 않지만 한국 학생들이 많이 고민하고 질문하는 부분!

❶ 사진 묘사에서 a/an 또는 the 사용하기

기억할 것은 듣는 사람이 사진을 보고 있지 않고 수험자의 설명에 의존하여 그 장면을 전달받고 있다는 것이다. 수험자 입장에서 처음으로 언급하는 인물은 a/an을 넣어 표현한다. 한 번 언급하고 다시 언급할 시에는 the나 대명사 he, she, they 등을 사용하면 된다.

❷ 명사의 사용

• 셀 수 있는 명사의 복수형에는 규칙 표현 명사+s와 불규칙 표현이 있다.
• 셀 수 없는 명사 앞에는 주로 some을 사용하여 묘사하면 된다. 셀 수 없는 단위인데 명사 앞에 a/an이나 뒤에 -s를 붙여 사용하지 않도록 하자.

셀 수 있는 명사		셀 수 없는 명사
단수	**복수**	furniture 세상의 모든 가구 some furniture 사진 안의 가구들
a chair	some chairs/many chairs	
a child	some children	some bread
one woman	two women ↙ 발음 주의	some grass
a person	some people	some water

❸ 사진 묘사에서 부정 대명사 잘 사용하기

사진에서 인물이 2명인 경우	one man 한 사람 the other man 나머지 한 사람
사진에서 인물이 3명인 경우	one man 한 사람 another man 또 다른 한 사람 the other man 마지막 한 사람
사진에서 다수가 등장한 경우	one man 한 사람 the others 나머지 전부 some people 몇몇 사람 the others 나머지 전부 one man 한 사람 another man 또 다른 한 사람 some people 몇몇 사람

PART ③ Respond to questions
질문에 답하기

평가 목적	직장 또는 사회 생활에서 일상적인 대화를 적절하게 해낼 수 있는 능력이 있는지, 그리고 특정 정보를 요구하는 질문에 신속하고 정확하게 응답할 수 있는지를 측정한다.		
문항 수	3개 (Questions 5-7 of 11)		
준비 시간	문제당 3초	답변 시간	5번, 6번: 15초 7번: 30초
평가 기준	발음(pronunciation), 억양(intonation), 강세(stress), 문법(grammar), 어휘(vocabulary), 일관성(cohesion), 내용의 연관성(relevance of content), 내용의 완성도(completeness of content)		
핵심 능력	유창성(proficiency)		

PART 03 한눈에 보기

> **TOEIC Speaking** 🔊
>
> **Questions 5-7: Respond to questions**
> **Directions:** In this part of the test, you will answer three questions. You will have three seconds to prepare after you hear each question. You will have 15 seconds to respond to Questions 5 and 6, and 30 seconds to respond to Question 7.

> **TOEIC Speaking** 🔊
> **Question 5 of 11**
>
> Imagine that ABC marketing firm is doing research in your area. You have agreed to participate in a telephone interview about buying shoes.

> **TOEIC Speaking** 🔊
> **Question 5 of 11**
>
> What kinds of shoes did you buy?
>
> **PREPARATION TIME**
> 00:00:03
>
> **RESPONSE TIME**
> 00:00:15

01
지시문 화면
성우가 지시문을 읽어준다.

02
Q5-7 Topic 화면
화면에 마케팅 회사가 당신의 지역에서 설문 조사 중이라고 가정해 보자는 상황 설정 Topic이 음성과 함께 제시된다.

03
Q5 문제 제시 및 답변 화면
문제는 성우의 음성과 함께 수험자의 화면에 제시된다. 문제 음원이 끝나고 나면 "Begin preparing now." 소리와 '삐' 음이 들리고 3초의 준비 시간을 준다. 준비 시간이 끝나면 "Begin speaking now." 소리와 '삐' 음이 들리고 15초의 답변 시간을 준다. 답변 녹음이 끝날 때까지 문제는 화면에 계속해서 보여진다.

기존 유형	문제 음원과 함께 문제가 화면에 제시되고 준비 시간 없이 바로 답변을 하게 된다.	
신 유형	문제 음원과 함께 문제가 화면에 제시되면, 각 문항 당 3초의 준비 시간을 주고 답변 녹음을 시작하게 된다. 따라서, 이전보다 화면의 문제를 해석해보고 아이디어를 떠올릴 수 있는 약간의 여유가 더 생겼다.	
문제 유형	의식주 생활 속 일반 활동 생활 속 특별 활동 특정 사물	➤ 주거 형태, 외식, 근무 선호도 등 ➤ 쇼핑, 음악 감상, 독서, 인터넷 광고 등 ➤ 주거 지역의 새로운 시설, 관광 명소, 날씨, 여행 등 ➤ 스마트폰, 아이스크림, 기념품, 장난감 등

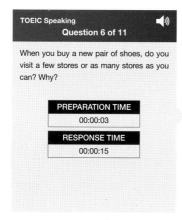

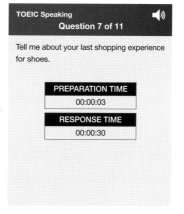

04

Q6 문제 제시 및 답변 화면
Q5와 마찬가지로 문제 음원과 함께 문제가 화면에 보여지고 3초의 준비 시간을 준 뒤 15초의 답변 시간이 주어진다.

05

Q7 문제 제시 및 답변 화면
Q7 또한 마찬가지로 문제 음원과 함께 문제가 화면에 보여지고 3초의 준비 시간을 준다. 하지만 7번 문항은 30초의 답변 시간이 주어지므로 이에 맞게 시험 공부를 할 것을 권한다.

Respond to questions
질문에 답하기

PART 3

시험장에서 이렇게!

준비 전략

3초라는 준비 시간이 주어지지만 필기를 할 정도의 넉넉한 시간은 아니므로, Topic 화면에서 먼저 주제어를 잘 파악하고 제시되는 문제를 보는 것이 좋다. 또한 자주 출제되는 주제와 관련한 아이디어 정리는 시험 이전에 미리 준비해 가는 것이 좋다.

설문 조사에 답하기
Imagine that a new bookstore is going to open in your area. They are doing some research. You have agreed to participate in **a telephone interview about visiting a bookstore**.

Topic 화면의 제일 마지막 부분에서 주제어를 파악한다.

지인과의 전화 통화
Imagine that you are talking on the phone with **your friend**. You are talking about **visiting a bookstore**.

전화 통화하는 상대방을 확인한다.
(a friend, one of your family members, a colleague, a supervisor 등)
↓
마지막 부분에서 주제어를 파악한다.

답변 전략

❶ 5, 6번은 주로 의문사 의문문의 형태로 출제되는데, 화면에 문제가 제시되므로 새로운 어휘로 대답하기 보다는 최대한 화면에 보이는 어휘를 활용하여 쉽게 답변하는 것이 좋다.

EX | How often do you visit a bookstore? 당신은 얼마나 자주 서점을 방문하나요?

I visit a bookstore from time to time. 저는 서점을 때때로 방문합니다.

어휘 from time to time 때때로, 가끔

❷ 주어와 동사 및 목적어를 그대로 활용하고 how often 빈도 부사에 대한 답변을 문장의 가장 뒤에 위치시킨다.

❸ 7번에서는 주로 자신의 의견을 물어보는데 필자가 제시하는 PART 3 만능 문장을 미리 준비해 봄으로 써 답변을 유창하게 할 수 있다. 30초의 답변을 주장 − 근거 (이유 ①, ②) − 마무리 (재강조) 의 논리적인 구조로 답변해볼 것을 권한다.

EX | Q: When buying books, do you prefer to buy them online or at a bookstore? Why?
책을 구매할 때, 온라인으로 구매하는 것을 선호하나요, 아니면 서점에서 구매하는 것을 선호하나요? 왜 그런가요?

A: 주장 When buying books, I prefer to buy them online.
책을 구매할 때, 저는 온라인으로 구매하는 것을 선호합니다.

근거 I have two reasons for this.
저는 이에 대해 2가지 이유가 있습니다.

이유 ① First, I can save time and energy. It's very convenient.
먼저, 저는 시간과 에너지를 아낄 수 있습니다. 매우 편리합니다.

이유 ② Secondly, when I shop online, I can browse many kinds of items at once. With just a few clicks, I can place an order easily.
다음으로, 제가 온라인에서 물건을 사면, 저는 많은 종류의 물건들을 한꺼번에 둘러볼 수 있습니다. 클릭 몇 번 만으로, 쉽게 주문을 할 수 있습니다.

마무리 (재강조) So, when buying books, I prefer to buy them online.
그러므로, 책을 구매할 때, 저는 온라인으로 구매하는 것을 선호합니다.

어휘 save time and energy 시간과 에너지를 아끼다 | browse 둘러보다 | at once 한꺼번에 | place an order 주문하다

문제 듣기　답안 듣기

🎧 P3_00_Q

TOEIC Speaking	Volume
Questions 5-7 of 11	

Imagine that a marketing firm is doing research in your area. You have agreed to participate in a telephone interview about online advertisements.

어느 한 마케팅 회사가 당신의 지역에서 설문 조사를 하고 있다고 가정해 보세요. 당신은 온라인 광고에 관하여 전화 인터뷰에 응하기로 동의 하였습니다.

TOEIC Speaking	Volume
Question 5 of 11	

How much time do you spend on the Internet each day? What do you mostly use the Internet for?

PREPARATION TIME	RESPONSE TIME
00:00:03	00:00:15

매일 얼마나 많은 시간을 인터넷 사용하는 데 보내나요? 주로 무엇 때문에 인터넷을 사용하나요?

TOEIC Speaking	Volume
Question 6 of 11	

Which of the following would be more likely to convince you to buy an item: online advertisements or flyers in mail? Why?

PREPARATION TIME	RESPONSE TIME
00:00:03	00:00:15

다음 중 어느 것이 당신으로 하여금 물건을 구매하도록 설득할 가능성이 더 높은가요? 온라인 광고인가요? 아니면 우편물의 전단지인가요? 왜 그런가요?

TOEIC Speaking	Volume
Question 7 of 11	

Which of the following do you think would be the best to advertise on the Internet?
- Smartphones
- Travel packages
- Mobile games

PREPARATION TIME	RESPONSE TIME
00:00:03	00:00:30

다음 중 어느 것이 인터넷에서 광고하기에 가장 좋을 것 같다고 생각하시나요?
- 스마트폰　　• 여행 상품　　• 휴대폰 게임

모범 답안

Q5

↗ 주어 spend 시간 (on) 명사: ~하는 데 시간을 보내다

I spend about two hours on the Internet each day. I mostly use it for looking up information.

저는 매일 약 2시간 정도 인터넷을 사용하며 시간을 보냅니다. 저는 주로 정보를 검색하기 위해 사용합니다.

해결 TIP

❶ 여기서 spend가 '시간이나 돈을 소비하다'라는 뜻의 동사로 사용되었음에 유의하자.

❷ 두 번째 질문에서는 목적을 묻고 있으므로 『for + 명사/동명사』의 형태를 이용하여 인터넷의 사용 목적을 표현하면 된다.

모범 답안

Q6

I think online advertisements would be most likely to convince me to buy an item because I use the Internet every day.

저는 인터넷을 매일 사용하기 때문에 온라인 광고가 저로 하여금 물건을 구매하도록 설득할 가능성이 가장 높다고 생각합니다.

해결 TIP

❶ 효과적인 표현을 답변에 적용하여 질문 이해 능력을 보여주자.

↳ be most likely to + 동사: ~할 가능성이 가장 높다

❷ 15초 답변에서 추가 질문 why에 대한 답변은 간단하게 표현하면 된다.

모범 답안

Q7

I think smartphones would be the best to advertise on the Internet.

Nowadays, people use smartphones in multiple ways. Many people communicate with others, look up some information and learn some new skills by using smartphones. Most of them buy new smartphones often.

So, I think smartphones would be the best to advertise on the Internet.

저는 스마트폰이 인터넷에서 광고하기에 가장 좋을 것 같고 생각합니다.

요즘에, 사람들은 스마트폰을 다양한 방식으로 사용합니다. 많은 사람들은 스마트폰을 이용하여 다른 사람들과 소통하고, 정보를 검색하고 새로운 기술을 배웁니다. 그들 중 대부분은 자주 새 스마트폰을 구매합니다.

그러므로, 저는 스마트폰이 인터넷에서 광고하기에 가장 좋을 것 같고 생각합니다.

어휘 in multiple ways 다양한 방식으로 | communicate 소통하다 | look up some information 정보를 검색하다

해결 TIP 셋 중에 하나를 선택하라고 했으므로, 명확하게 하나를 선택하고 이를 지지하는 의견으로 뒷받침하는 것이 좋다.

음원 듣기

1 빈출 질문 유형과 답변 표현

자주 출제되는 질문 유형에 대해 답변 시 아래의 표를 활용하여 문장–어순 정리를 미리 해두면 묻는 질문에 부합하면서도 문법적으로 정확한 답변을 할 수 있다.

질문 유형	답변 표현
When ~? 언제 ~하나요? = What time of the day ~? 하루 중 언제 ~하나요? = What time of the year ~? 일년 중 언제 ~하나요?	S + V + (O) + in the morning[afternoon / evening]. 오전에/오후에/저녁에 ~합니다. at night. 밤에 ~합니다. in + 계절/달. ~의 계절에/~월에 ~합니다.
When was the last time you + V-ed ~? 언제 마지막으로 ~하였나요?	The last time (that) I + V-ed ~ + was 시간 표현. 제가 가장 마지막으로 ~했던 적은 ~입니다.
Where ~? 어디서 ~하나요?	S + V + (O) + in + 실내 공간[a room / a hall / a city]. at + 건물[school / home]. on + 길거리[a street]. on the Internet. 저는 ~에서 ~를 합니다.
What kinds of ~ do you like the most? 어떤 종류의 ~을 가장 좋아하나요?	I like ~ the most. 저는 ~을 가장 좋아합니다. ↳ 문제에 제시된 키워드의 종류 중 하나를 언급
What are some advantages of ~? ~의 장점은 무엇인가요?	There are some advantages of this. 이것에 관해 몇 가지 장점이 있습니다.
Who do you ~ with ~? 누구와 ~하나요?	S + V + (O) + with + 같이 하는 사람. ~와 같이 ~을 합니다. alone / by myself. 혼자/스스로 ~합니다.
How often ~? 얼마나 자주 ~하나요?	S + V + (O) + 빈도 부사[once a week / from time to time] 주 1회/때때로

How far ~? ~는 얼마나 멀리 있나요? (= Where is the nearest ~?) 　가장 가까운 ~는 어디에 있나요?	It is two blocks away. 두 블록 정도 떨어져 있습니다. It takes + 시간 + by + 교통 수단 / on foot to get to ~. ~까지 가는 데 ~의 수단으로/걸어서 ~시간이 소요됩니다.
How long ~? 얼마나 오랫동안 ~하나요? = How much time ~? 　얼마나 많은 시간을 ~하나요?	$\boxed{S + V + (O)}$ + for + 기간. **EX｜** I watch TV for an hour every day. 　　저는 매일 TV를 한 시간 동안 시청합니다. ☆ 주의해야 할 어순 　주어 + spend + 시간 + V-ing. 　**EX｜** I spend one hour watching TV every day. 　　　저는 매일 TV 시청하는 데 한 시간을 보냅니다.
How do you find out ~? ~에 대해 어떻게 아나요?	$\boxed{S + V + (O)}$ + by + V-ing. ~함으로써 ~할 수 있습니다.
Why ~? 왜 ~하나요? (= What do you like about it?) 　그것에 대해 무엇이 마음에 드나요?	Because + 주어 + 동사. 왜냐하면 ~하기 때문입니다. I like it because + 주어 + 동사. 제가 그것이 마음에 드는 이유는 ~하기 때문입니다.
Would you + V ~ if + S + V-ed ~? 만약에 ~라면, ~할 건가요? **가정법 과거**	If I were V-ing ~, I would + 동사원형 + (목적어). 제가 만약 (지금) ~를 하고 있다면, 저는 ~을 할 것 같습니다.

🎧 P3_01

2 빈출 주제별 만능 문장

❶ Smartphone 스마트폰

주로 정보 검색 수단, 문자와 전화 통화 둘 중에서의 선호도, 친구와의 소통 방법 등 다양한 휴대폰 활용에 따른 선호도를 묻는 질문에 아래의 표현들을 활용하여 답변할 수 있다.

Prefer smartphones for multiple reasons 다양한 이유로 스마트폰을 선호한다
❶ can have a chat with friends online 친구들과 온라인으로 이야기를 할 수 있다 ❷ can learn some new skills 새로운 기술을 배울 수 있다 ❸ can look up information 정보를 검색해 볼 수 있다

빈출 문자(메신저)와 전화 둘 중에서의 선호도를 묻는 문제

Text message 문자(메신저)	Phone call 전화
❶ don't bother people 타인을 방해하지 않는다 ❷ can attach some files 파일을 첨부할 수 있다 ❸ can use emoticons to make the conversation interesting 이모티콘을 사용하여 대화를 더 흥미롭게 할 수 있다	❶ can get immediate answers 즉답을 얻을 수 있다 ❷ can see whether my friend is happy or upset 친구가 기분이 좋은지 화가 난 것인지 알 수 있다 ❸ can have an honest conversation 진솔한 대화를 나눌 수 있다

❷ Shopping 쇼핑

쇼핑에는 온라인 쇼핑과 직접 매장에 가서 사는 오프라인 쇼핑 두 가지가 있다. 보통 두 가지 쇼핑 방법 중 무엇을 더 선호하는지 그리고 왜 그것을 더 선호하는지 묻는 질문이 출제가 되는데, 아래의 표현들을 활용하여 답변할 수 있다.

Prefer to shop online 온라인 쇼핑을 선호한다	Prefer to shop at a physical store 실재의 매장에서 하는 쇼핑을 선호한다
❶ can browse many kinds of items at once 다양한 제품들을 한꺼번에 살펴볼 수 있다 ❷ With just a few clicks, I can easily place an order. 단 몇 번의 클릭만으로, 쉽게 주문할 수 있다. ❸ can save my time and energy 시간과 에너지를 절약할 수 있다	❶ can check out items with my own eyes 제품들을 직접 눈으로 확인할 수 있다 ❷ can ensure the quality 품질을 확신할 수 있다 ❸ won't need to get a refund since I checked the item in person 직접 제품을 확인했기 때문에 반품할 필요가 없을 것이다

어휘 physical store 오프라인/실물 매장 ⟶ 실재의 매장은 physical store, real store, local store로 표현한다. offline은 기계가 인터넷에 연결되어 있지 않을 때 사용하므로 offline store라는 표현을 쓰지 않도록 주의한다.

★ Shopping 시 고려하는 요소에 따른 표현

Review 후기	❶ be more reliable than advertisements 광고보다 더 믿을 수 있다 ❷ be based on buyers' experience 구매자들의 경험에 근거한 것이다 ❸ avoid wasting my money 돈 낭비를 방지한다
Distance 거리	❶ prefer to visit places near my house 집 근처를 방문하는 것을 선호한다 ❷ traveling far away is annoying 멀리 이동하는 것은 귀찮다 ❸ save time and energy 시간과 에너지를 절약한다
Speed of service 서비스 속도	❶ juggle multiple jobs 다양한 업무를 맡다 ❷ have a tight schedule 일정이 빠듯하다 ❸ The sooner the better 빠르면 빠를수록 더 좋다 ⟶ 하나의 관용어구로 활용 가능
Representative 직원	❶ get some help 도움을 받는다 ❷ ask for recommendation 추천을 구한다 ❸ narrow down the choices 선택의 폭을 줄여 준다

❸ Tourism attraction 관광지

새로운 문화 체험 선호, 출장 선호, 여행이나 휴가의 장점을 설명할 때 아래의 표현들을 활용하여 답변할 수 있다.

> **Experiencing new culture is enjoyable.** 새로운 문화를 경험하는 것은 즐겁다.

❶ be inspired 영감을 얻는다
❷ broaden my horizons 견문을 넓힌다
❸ make new friends 새로운 친구를 사귄다

❹ New facility in community 지역 사회의 새로운 시설

park, outdoor market, festival 등 지역 사회의 새로운 시설에 찬성하는 의견을 뒷받침하는 이유를 설명할 때 아래 표현들을 활용하여 답변할 수 있다.

> **Have many positive effects** 많은 긍정적인 영향들이 있다

❶ have many positive effects on my neighborhood 내가 사는 지역에 많은 긍정적인 영향들을 끼친다
❷ develop economically 경제적으로 발전한다
❸ improve social conditions 사회적 여건을 개선하다

❺ Service improvement 서비스 개선

음악 스트리밍 서비스(music streaming service)가 개선해야 할 점, 버스 회사(bus company)가 승객 만족을 위해 개선해야 할 점, 본인 주거 지역을 변화시키기 위해(to change your area) 개선해야 할 점 등 서비스 개선에 찬성하는 의견을 뒷받침하는 이유를 설명할 때 아래의 표현들을 활용하여 답변할 수 있다.

> **Developing an app** 앱 개발하기

❶ can get real-time information 실시간 정보를 얻을 수 있다
❷ can read some reviews 후기를 볼 수 있다
❸ Many people prefer to use online services. 많은 사람들이 온라인 서비스 사용을 선호한다.

❻ Book club 독서 동아리

독서, 독서 동아리 가입, 도서관이나 서점 방문의 장점을 설명할 때 아래의 표현들을 활용하여 답변할 수 있다.

> **Secondhand experience** 간접 경험

❶ can have secondhand experience 간접 경험을 할 수 있다
❷ be knowledgeable 지식을 쌓는다
❸ be inspired 영감을 얻는다

❼ Donation 기부

기부의 중요성을 설명하거나, 자선 단체를 선택해야 할 때 어떤 단체가 보기로 나오든 아래의 표현들을 활용하여 당황하지 않고 답변할 수 있다.

Help people 사람들을 돕는다
❶ can help people in need 도움이 필요한 사람들을 도울 수 있다
❷ improve our community 우리 지역 사회를 발전시킨다
❸ make everyday life meaningful 나의 일상이 의미 있어진다

❽ Healthy food 건강한 음식

건강한 음식, 집에서 먹는 음식, 영양분, 요리의 중요성을 설명할 때 아래의 표현들을 활용하여 답변할 수 있다.

Stay healthy 건강을 유지하다
❶ eat some nutritious foods 영양가 가득한 음식을 먹는다
❷ can stay healthy 건강을 유지할 수 있다
❸ keep in shape 몸매를 유지하다

❾ Place recommendation 장소 추천

장소 추천, 야외 활동 추천, 주거 지역의 자랑거리를 설명할 때 아래의 표현들을 활용하여 답변할 수 있다.

Be well known for ~로 유명하다
❶ be well known for ~로 유명하다
❷ There are a lot of ~가 많이 있다
❸ make a good memory 좋은 추억을 만들다

❿ Park 공원

공원의 장점을 설명할 때 아래의 표현들을 활용하여 답변할 수 있다.

Get some fresh air 신선한 공기를 마시다
❶ take a walk 산책하다
❷ sit on a bench and take a rest 벤치에 앉아서 휴식을 취하다
❸ need to recharge 기분 전환이 필요하다

⑪ A room with big windows 큰 창문이 있는 방

큰 창문이 있는 사무실, 야외 근무 등을 선호하는 이유를 설명할 때 아래의 표현들을 활용하여 답변할 수 있다.

Watching outside 바깥 구경하기

❶ feel energetic 생동감이 느껴진다
❷ increase productivity 생산성을 향상시킨다
❸ get some fresh air 신선한 공기를 마신다

⑫ How to save energy 에너지 절약하는 법

전기세 절약(reduce electricity usage), 수도 사용 절약(reduce water usage) 등 절약에 대해 설명할 때 아래의 표현들을 활용하여 답변할 수 있다.

Should turn it off 꺼야 한다

❶ should turn it off when I don't use it 사용하지 않을 때는 꺼야 한다
❷ waste money and energy 돈과 에너지가 낭비된다
❸ should use it only when necessary 필요할 때 사용해야 한다

⑬ Playing computer games 컴퓨터 게임하기

휴식 시간에 컴퓨터 게임하는 것의 장점에 대해 설명할 수 있다.

Improve problem-solving skills 문제 해결 능력을 발달시킨다

❶ improve problem-solving skills and social skills 문제 해결 능력과 사교 능력을 발달시킨다
❷ feel very excited 매우 신난다

⑭ Online advertisements 온라인 광고

광고 수단 중 가장 효율적인 방법은 온라인이다.

Has become a part of everyday life 일상의 일부분이 되었다

❶ Using a smartphone has become a part of everyday life. 스마트폰 사용이 일상의 일부분이 되었다.
❷ can access the Internet whenever they want to 그들이 원하면 언제든지 인터넷 접속이 가능하다

⑮ Streaming service 스트리밍 서비스

스트리밍 서비스(TV streaming service, podcast) 이용하는 것의 장점을 설명할 수 있다.

Manage time 시간을 관리하다

❶ manage time wisely 시간을 현명하게 관리하다
❷ get a lot of information while I am on the move 이동 중에 많은 정보를 얻다

PART 4

Respond to questions using information provided

제공된 정보를 이용하여 질문에 답하기

평가 목적	제공된 정보를 제한된 시간 내에 파악하고, 묻는 질문에 적절하게 응답하는지를 측정한다.		
문항 수	3개 (Questions 8-10 of 11)		
준비 시간	제공된 정보를 파악하는 시간 45초 문제당 3초	**답변 시간**	8번, 9번: 15초 10번: 30초
평가 기준	발음(pronunciation), 억양(intonation), 강세(stress), 문법(grammar), 어휘(vocabulary), 일관성 (cohesion), 내용의 연관성(relevance of content), 내용의 완성도(completeness of content)		
핵심 능력	청취 능력(listening skill), 유창성(proficiency)		
지문 유형	일정표 ➤ 회의 일정, 지역 행사 일정, 인터뷰 진행 일정, 연회장 예약 일정 여행 일정 ➤ 비즈니스 출장 일정, 여행사에서 제공하는 단체 여행 일정 프로그램 ➤ 수업 일정, 워크숍 일정 등 기타 유형 ➤ 이력서, (영화나 도서) 출시 일정, 등산로 안내		

04 한눈에 보기

TOEIC Speaking 🔊

Questions 8-10: Respond to questions using information provided

Directions: In this part of the test, you will answer three questions based on the information provided. You will have 45 seconds to read the information before the questions begin. You will have three seconds to prepare after you hear each question. You will have 15 seconds to respond to Questions 8 and 9, and 30 seconds to respond to Question 10.

01

지시문 화면
성우가 지시문을 읽어준다.

02

Q8-10 준비 화면
표가 화면에 등장하고 "Begin preparing now."라는 음성이 나온다. '삐' 소리 이후 표를 볼 수 있는 45초의 준비 시간이 주어진다.

03

Q8-10 준비 화면 및 답변 화면
준비 시간 종료 후, 표가 그대로 제시된 상태에서 Q8-10에 대한 질문과 답변이 차례로 진행된다. 각각은 질문을 들려준 후 3초간의 준비 시간이 주어진 다음 '삐' 소리 이후 각 15초, 15초, 30초의 답변 시간이 주어진다.

시험장에서 이렇게!

준비 전략 ❶ 표의 구성을 파악한다.

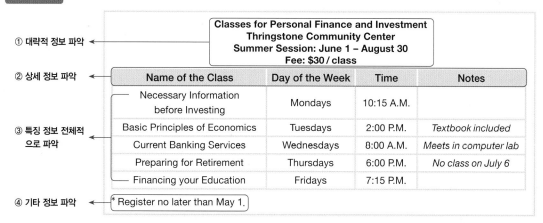

① **대략적 정보 파악**

② **상세 정보 파악**

③ **특징 정보 전체적으로 파악**

④ **기타 정보 파악**

	Classes for Personal Finance and Investment Thringstone Community Center Summer Session: June 1 – August 30 Fee: $30 / class		
Name of the Class	**Day of the Week**	**Time**	**Notes**
Necessary Information before Investing	Mondays	10:15 A.M.	
Basic Principles of Economics	Tuesdays	2:00 P.M.	*Textbook included*
Current Banking Services	Wednesdays	8:00 A.M.	*Meets in computer lab*
Preparing for Retirement	Thursdays	6:00 P.M.	*No class on July 6*
Financing your Education	Fridays	7:15 P.M.	

* Register no later than May 1.

① 표 상단에서 표의 유형과 날짜, 시간, 장소 정보 등을 확인한다.
② 표의 각 행과 열의 제목을 파악한다.
③ 표의 각 행과 열의 내용에 따른 특징 정보를 스케줄 상의 순서대로 파악한다.
④ 추가적 내용을 보여주는 *이 표시된 부분의 내용도 놓치지 말자!

❷ 표 내용을 어떻게 문장으로 표현할 것인지 빠르게 브레인스토밍한다.

답변 전략 ❶ 세 개의 질문이 연속적으로 나오므로 신속하게 답할 수 있는 순발력이 핵심인 파트이다.

❷ 다른 파트보다 문법적 오류 없이 말하는 것이 중요하다! **PART 4**의 표 유형별 말하기 공식(p.53)을 제대로 익히고, 숫자 앞의 전치사나 동사 표현 등을 어법에 맞게 정확하게 표현하는 것이 고득점 포인트!

❸ 각 문제별 답변 전략을 달리한다.

Q8

질문의 의문사 확인
↓
관련 내용 표에서 찾기
↓
주어진 질문에만 답하기

TIP PART 3과 달리 추가 답변을 하지 않아도 되니, 서두르지 말고 자연스러운 속도로 말한다.

Q9

질문의 키워드 확인
↓
관련 내용 표에서 찾기
↓
올바른 정보 제공하기

TIP 제시된 정보가 맞는지 확인하는 문제가 출제된다. 주로 취소선이 삽입되거나, *이 표시된 부분에서 해당 정보를 확인할 수 있다.

Q10

상대방의 요청 확인
↓
요청에 "Yes", "Sure" 등 긍정으로 답하기
↓
관련 내용 표에서 찾기
↓
표 내용에 맞춰 순차적 정보 제공

문제 듣기   답안 듣기

 P4_00_Q

TOEIC Speaking			Volume

Questions 8-10 of 11

Cooking Classes for residents
Course Date: May 5th – July 10th
Registration Deadline: April 20th

Courses	Day	Time	Instructor
Baking for beginners	Mondays	6 – 8 P.M.	Kris Tyler
Asian dishes	Saturdays	2 – 3 P.M.	Bret Weiss
Simple dessert	Fridays	4 – 6 P.M.	Luisa Perez
Appetizers	Wednesdays	10 A.M. – noon	Lester Dunlap
Healthy snacks for children	Tuesdays	2 – 4 P.M.	Kris Tyler
Cakes and pastries	Mondays	5 – 7 P.M.	Valerie Conner

PREPARATION TIME	00:00:45	☞ 표를 보고 준비하는 시간
PREPARATION TIME	00:00:03	☞ 각 질문을 듣고 준비하는 시간
RESPONSE TIME	00:00:15 00:00:15 00:00:30	☞ 각 답변 시간

Narration Hi, I am interested in enrolling in some of your cooking classes. I might have lost the brochure. Can I ask you a few questions regarding the upcoming classes?

안녕하세요. 저는 요리 수업 등록에 관심이 있어요. 아마도 안내 책자를 잃어버린 것 같아요. 곧 진행될 수업에 대해서 몇 가지 질문해도 될까요?

Q8 On what date do the courses start? And what is the deadline for registration?

수업들은 어느 날짜에 시작하나요? 그리고 등록 마감일은 어떻게 되나요?

Q9 Bret Weiss will be teaching a class on local American cuisine. Is that right?

브렛 와이스 씨가 미국의 지역 요리에 대해 가르치실 예정이네요. 이것이 맞나요?

Q10 My friend told me that Kris Tyler is a good teacher. Could you please tell me all the details of the classes taught by Kris Tyler?

제 친구가 말하기를 크리스 타일러 씨가 좋은 선생님이라고 했어요. 크리스 타일러 씨가 가르치는 수업들에 관한 자세한 정보를 다 알려 주실 수 있나요?

모범 답안

Q8

The courses will start on May fifth. You can register by April twentieth.

수업은 5월 5일에 시작할 예정입니다. 4월 20일까지 등록하실 수 있습니다.

해결 TIP

시작하는 날짜를 물어 보았으므로 답변 시 날짜 앞에 on이라는 전치사를 알맞게 사용하고, 마감 날짜 표현 앞에는 by라는 전치사를 올바르게 사용하는 것이 중요하다.

모범 답안

Q9

I think you got the wrong information. There will be a class on Asian dishes from 2 to 3 P.M. on Saturdays with Bret Weiss.

제 생각에 잘못된 정보를 갖고 계셨던 것 같습니다. 토요일마다 오후 2시부터 3시까지 브렛 와이스 씨와의 아시아 요리 수업이 있을 예정입니다.

해결 TIP

상대방이 잘못된 정보를 갖고 있는 경우, 아니라는 표현과 함께 올바른 정보를 제공한다.

모범 답안

Q10

Sure. There are two classes scheduled with Kris Tyler. First, there will be a class on baking for beginners from 6 to 8 P.M. on Mondays. Next, there will be a class on healthy snacks for children from 2 to 4 P.M. on Tuesdays.

물론입니다. 2개의 수업이 크리스 타일러 씨와 예정되어 있습니다. 우선, 초급자를 위한 제과 수업이 저녁 6시부터 8시까지 월요일마다 있을 예정입니다. 다음으로, 어린이들을 위한 건강한 간식에 관한 수업이 오후 2시부터 오후 4시까지 화요일마다 있을 예정입니다.

해결 TIP

듣기에서 가장 핵심 부분은 특정 이름이 될 수 있다. 문장 전체를 다 못 듣더라도 Kris Tyler만 들었다면 관련된 정보 전체를 문장으로 표현해 내면 된다.

PART 4

핵심 문제 전략

음원 듣기

🎧 P4_01

1 빈출 질문 유형

Q8 표의 대략적인 정보를 물어본다.
- Where is the event being held? 행사는 어디에서 개최되나요?
- What time does it start? 몇 시에 시작하나요?
- Who is the first candidate? 첫 번째 후보자는 누구인가요?

Q9 표의 상세 정보를 주로 물어본다.
- As far as I know ~, is that right? 제가 아는 한 ~인데, 맞나요?
- I heard that ~. Can you confirm this? ~라고 들었어요. 확인해 주실 수 있나요?
- Is it possible for me to ~? 제가 ~하는 것이 가능한가요?

Q10 표의 특정 정보와 일치하는 것을 다 알려달라는 문제가 주로 등장한다.
- Could you please tell me all the details about ~? ~에 관한 자세한 사항을 다 알려주실 수 있나요?
- Can you give me information/details regarding ~? ~에 대해 알려주실 수 있나요?
- Would you let me know all the sessions which will deal with ~?
  ~을 다루게 될 모든 순서를 알려주시겠어요?

🎧 P4_02

2 올바른 전치사 사용

표에는 항상 시간, 날짜, 주소, 금액 등의 숫자 정보가 등장한다. 올바른 전치사를 사용하여 완전하고 정확한 답변을 하는 것이 중요하다.

영어는 요일 정보를 먼저 표현

시간	• at + 시간 • on + 요일/날짜 • in + 월/년/계절/오전/오후 • from 시작 시간 to 끝나는 시간	**EX |** The classes will be held on Wednesday, June 20th. 수업은 6월 20일 수요일에 열릴 예정입니다. From 9 to 10 A.M. there will be an opening speech. 오전 9시부터 10시까지 개회사가 있을 예정입니다.
장소	• in + 실내 공간[방, 로비, 연회장] • in + 도시 이름 • on + 층수 • on + 길 이름 • at + 건물 이름, 번지수	**EX |** The training session will be held in Room 200. 교육은 200호실에서 있을 예정입니다. The center is located at 195, Second Avenue. 그 센터는 2번가 195번지에 위치해 있습니다. *주소 말하는 법: be located at 번지수, 길 이름*
숫자 정보	• 방 번호는 숫자를 각각 떨어뜨려 읽는다. • 번지수, 비행기 번호는 숫자를 붙여 읽는 다. (비행기 번호는 숫자를 떨어뜨려 읽기 도 한다.)	**EX |** Room 302 / room three oh two Flight #95 / flight number ninety five 79 Main Street / seventy nine Main Street

3 사람 소개

❶ 사람 소개 방법

▶ 이름, 직책 → 이름, the 직책

　EX| Maria Kim, manager → Maria Kim, **the** manager
　　매니저인 마리아 김

▶ 이름, 부서 → 이름 in 부서 또는 이름 from 부서

　EX| Maria Kim, sales department → Maria Kim **from** the sales department
　　판매부의 마리아 김

▶ 이름, 직책, 소속 → 이름 the 직책 of 소속

　EX| Maria Kim, CEO, Nice Hotel → Maria Kim, **the** CEO **of** Nice Hotel
　　나이스 호텔의 대표인 마리아 김

❷ 표현 방법

▶ 행사, 연설, 강의, 토론, 발표 + by 이름

　EX| There will be a lecture **by** Maria Kim.
　　마리아 김 씨에 의한 강의가 있을 예정입니다.

▶ 식사, 회의, 면접 + with 이름

　EX| You will have an interview **with** Maria Kim.
　　마리아 김 씨와의 면접이 있을 예정입니다.

P4_04

4 표 유형별 말하기 공식

❶ 단체 행사표

문제에 회의, 수업, 워크숍, 오리엔테이션 등 단체 행사가 출제될 경우 다음과 같은 공식을 대입하여 문장으로 표현할 수 있다.

> **말하기 공식**
>
> • The 행사 will take place in / at 장소 + on 날짜.
> • 시간 정보, there will be a session (혹은 표에 명시된 활동) on 주제 by 발표자.
> • Please note that 사물 will be provided.
> • The fee is 금액 for 조건. The fee is 금액 per 단위.
> • You need to register by 마감 날짜.

EX |

	Moraga Academy 30th Anniversary Celebration Friday, April 20th Location: Event Hall	
Time	**Event**	**Presenter**
9:00 – 10:00 A.M.	Opening Speech	Luna Koo, President
10:00 – 11:00 A.M.	Presentation: Customer Service	Hana Kim, Manager

➤ The celebration will take place in the event hall on Friday, April 20th.

기념 행사는 4월 20일 금요일에 이벤트 홀에서 개최될 예정입니다.

➤ From 9 to 10 A.M. there will be an opening speech by Luna Koo, the President.

오전 9시부터 10시까지, 루나 구 회장님에 의한 개회사가 있을 예정입니다.

➤ From 10 to 11 A.M. there will be a presentation on customer service by Hana Kim, the Manager.

오전 10시부터 11시까지 고객 서비스에 관한 발표가 하나 김 매니저에 의해 있을 예정입니다.

❷ 개인 일정표

EX |

Personal Itinerary for Irene Choi			
Business Trip to New York			
Flight Information Depart: Chicago Arrive: New York	Delta Airlines	Flight #766	7:30 A.M. Oct 12th 10:25 A.M. Oct 12th
Accommodation Park Central Hotel (*breakfast included*)			Oct. 12th – Oct. 15th

➤ You will depart from Chicago at 7:30 A.M. on October twelfth. You will take Delta Airlines. The flight number is seven six six.

당신은 10월 12일 오전 7시 30분에 시카고에서 출발할 것입니다. 델타 항공사를 이용할 것입니다. 비행기 번호는 766입니다.

➤ You will arrive in New York at 10:25 A.M. on October twelfth.

당신은 10월 12일 오전 10시 25분에 뉴욕에 도착할 것입니다.

» You will stay in Park Central Hotel from October twelfth to fifteenth. Please note that breakfast will be included.

당신은 10월 12일부터 15일까지 파크 센트럴 호텔에서 머무르게 될 겁니다. 아침 식사는 포함인 점 알아두세요.

❸ 이력서

말하기 공식

- He/She is applying for a job as a 희망 직책.
- He/She got 학위 in 전공 from 출신 학교 in 졸업 연도.
- He/She has been working as a 직책 at 회사 since 입사 연도.
- He/She worked as a 직책 at 회사 from 입사 연도 to 퇴사 연도.
- He/She is fluent in 언어.

EX |

Dan Miles
143 Houston Street, New York
E-mail: Dan@bentonnetwork.com

Desired Position	Senior Engineer
Education	Bachelor, Electronic Engineering, Fordham University (2015)
Employment History	Software Development Engineer, Ace Company (2019 − present) Assistant, Best IT Company (2017 − 2019)

☆ 이력서에서 형식상 개인 정보(집주소, 전화번호)가 표시되지만, 면접관이 지원자의 개인 정보를 묻지 않으므로 과감하게 넘어가 보도록 합니다.

» He is applying for a job as a senior engineer.

그는 수석 기술자 자리에 지원하고 있습니다.

» He got a bachelor's degree in electronic engineering from Fordham University in two thousand and fifteen.

그는 2015년에 포드햄 대학에서 전자 공학 학사 학위를 취득하였습니다.

» He has been working as a software development engineer at Ace Company since two thousand and nineteen.

그는 에이스 회사에서 소프트웨어 개발 기술자로 2019년도부터 지금까지 근무해 오고 있습니다.

» He worked as an assistant at Best IT Company from two thousand and seventeen to two thousand and nineteen.

그는 베스트 아이티 회사에서 보조원으로 2017년부터 2019년까지 근무했습니다.

❹ 제품 출시 일정표

> **말하기 공식**
>
> - The item 음반이나 도서 will be released on 출시 날짜.
> - It was written by 작가 이름.
> - The genre is 종류 이름.

EX |

Good People Bookstore (9 A.M. – 6 P.M. daily) Book release schedule			
Date	Title	Author	Genre
May 13	*Finding Myself*	Adam Baker	Drama
June 10	*Dinosaur's Adventure*	Todd White	Children

> ≫ Our bookstore is open from 9 A.M. to 6 P.M. every day.
> 저희 서점은 매일 오전 9시부터 오후 6시까지 영업합니다.

> ≫ On May thirteenth, a book titled *Finding Myself* will be released. It was written by Adam Baker. The genre is drama.
> 5월 13일에, '나를 찾아서'라는 제목의 책이 출시될 예정입니다. 애덤 베이커 씨에 의해 쓰여졌습니다. 장르는 드라마입니다.

> ≫ On June tenth, a book titled *Dinosaur's Adventure* will be released. It was written by Todd White. It is a children's book.
> 6월 10일에, '공룡의 탐험'이라는 제목의 책이 출시될 예정입니다. 토드 화이트 씨에 의해 쓰여졌습니다. 어린이 도서입니다.

❺ 단체 면접 일정표

> **말하기 공식**
>
> - The interviews will take place in / at 장소 정보, on 날짜 정보.
> - 시간 정보, there will be an interview with 지원자 이름 for a 희망 직책 이름 position.
> - Now, he / she is working for 현재 회사.
> - 시간 정보, an interview with 지원자 was scheduled. But it has been canceled.

EX |

Ramada Resort Job interview schedule Thursday, August 15th, Conference Hall			
Time	Applicant	Position	Current Employer
10:00 A.M.	Ann Perry	Receptionist	Best Hotel
10:30 A.M.	Adam Diaz	~~Housekeeper~~ *Canceled*	Mirror Lake Inn

≫ The job interviews will take place in the conference hall on Thursday, August fifteenth.
면접은 8월 15일 목요일에 회의실에서 있을 예정입니다.

≫ At 10:00 A.M. there will be an interview with Ann Perry for a receptionist position. She is currently working for Best Hotel.
오전 10시에 접수 안내원 자리에 앤 페리 씨와의 면접이 있을 예정입니다. 그녀는 현재 베스트 호텔에서 일하고 있습니다.

≫ At 10:30 A.M. an interview with Adam Diaz for a housekeeper position was scheduled. But it has been canceled.
오전 10시 30분에 객실 청소부 자리에 애덤 디아즈 씨와의 면접이 예정되어 있었습니다. 하지만 그것은 취소되었습니다.

❻ 단체 여행 일정표

> **말하기 공식**
>
> • The tour will take place on **날짜 정보**.
> • **시간 정보**, there will be an activity on **주제**.
> • Please note that ▨▨▨▨▨ will be included.
> • The cost is **비용** for **조건**.

EX|

Happy Tour
(Tour for inspiration)
Sept. 6th
Bus Departure: 9 A.M. Great Art Center
Cost: $500 (adult) / $350 (children ages 5-10)

Time	Activity
10:00 – 11:00 A.M.	Museum visit (admission fee included)
11:00 A.M. – noon	Face painting

≫ The tour will take place on September sixth.
투어는 9월 6일에 진행될 예정입니다.

≫ The bus will depart from Great Art Center at 9 A.M.
버스는 오전 9시에 그레이트 아트 센터에서 출발할 것입니다.

≫ The cost is five hundred dollars for adults and three hundred and fifty dollars for children between ages five to ten.
비용은 어른이 500달러이고, 5세에서 10세 사이의 어린이는 350달러입니다.

≫ From 10 to 11 A.M. there will be a museum visit. Please note that the admission fee will be included.
오전 10시부터 11시까지 박물관 방문이 있을 예정입니다. 입장료가 포함되어 있는 점 알아두세요.

≫ From 11 A.M. to noon, there will be a face painting activity.
오전 11시부터 정오까지 페이스 페인팅 활동이 있을 예정입니다.

어휘 visit **명** 방문 **동** 방문하다

5 Express an opinion

의견 제시하기

평가 목적	어떤 주제에 대해서 자신의 의견을 주제와 부합한 내용으로 논리적으로 접근할 수 있는지를 평가한다.
문항 수	1개 (Question 11 of 11)

준비 시간	30초	**답변 시간**	60초

평가 기준	발음(pronunciation), 억양(intonation), 강세(stress), 문법(grammar), 어휘(vocabulary), 일관성(cohesion), 내용의 연관성(relevance of content), 내용의 완성도(completeness of content)
핵심 능력	브레인스토밍, 유창성(proficiency)

문제 유형	직장 생활	▶ 근무 환경, 근무 조건, 면접 시 지원자가 나타낼 능력
	교육	▶ 어린이 교육 활동으로 올바른 것, 선생님의 자질, 롤모델
	인터넷 사용	▶ 사람 간 상호 소통 방식, 온라인 쇼핑, 정보 검색, 삶의 질 향상 여부
	다양한 경험	▶ 주거 지역의 변화, 여행, 직업의 변화, 봉사활동, 해외 유학
	가족, 친구	▶ 가족이나 친구가 주는 긍정적인 영향, 성공을 위해 포기해야 하는가, 작가나 음악가가 성공하기 위해 필요한 요소
	환경 문제	▶ 대중 교통 사용 권장, 공원 확장, 도심 내에서의 개인 차량 제한 규정
	독서	▶ 미래의 독서 형태, 취미 생활을 배우는 방식, 독서의 장점
	텔레비전 시청	▶ 텔레비전이 인간의 삶을 발전시켰는가, 휴식 시간에 텔레비전 시청의 장점

'05 한눈에 보기

TOEIC Speaking 🔊

Question 11: Express an opinion
Directions: In this part of the test, you will give your opinion about a specific topic. Be sure to say as much as you can in the time allowed. You will have 30 seconds to prepare. Then you will have 60 seconds to speak.

TOEIC Speaking 🔊
Question 11 of 11

Do you agree or disagree with the following statement?
To protect the environment, more people should use public transportation.
Support your opinion with specific reasons and examples.

| PREPARATION TIME | 00:00:30 |

TOEIC Speaking 🔊
Question 11 of 11

Do you agree or disagree with the following statement?
To protect the environment, more people should use public transportation.
Support your opinion with specific reasons and examples.

| RESPONSE TIME | 00:01:00 |

01

지시문 화면
성우가 지시문을 읽어준다.

02

Q11 준비 화면
Topic이 음성과 함께 제시된다. "Begin preparing now."라는 음성과 '삐' 소리가 들린 후 30초의 준비 시간이 주어진다.

03

Q11 답변 화면
준비 시간 종료 후, "Begin speaking now."라는 음성과 '삐' 소리가 들린 후 60초의 답변 시간이 주어진다.

❶ 선호 사항, 찬반 여부, 세 가지 항목 중 한 가지 선택하기 등의 유형이 문제로 제시된다. 화면에 제시되는 문제를 보고 자신의 주장을 정하여 첫 문장을 빠르게 정리한다.

❷ 자신의 주장을 뒷받침하는 이유나 예시를 준비한다. 완벽한 문장을 준비하고 있기보다 키워드 위주로 준비하여 30초의 준비 시간을 효율적으로 보내는 것이 좋다.

❸ 목표 점수에 따라 다음과 같이 답변을 준비할 수 있다.

목표 Lev. 5-6	목표 Lev. 7-8
주장 화면에 제시된 어휘를 최대한 활용하여 천천히 자신의 주장을 표현한다.	**주장** 화면에 제시된 문장을 빠르게 파악하여 자신의 주장을 간단한 문장으로 시작한다.
근거 목표가 많이 높지 않다면 쉬운 문장들을 준비해 가는 것도 괜찮다. 준비한 문장들을 차분하게 말하며 주장을 뒷받침한다.	**근거** 주장을 뒷받침할 만한 이유 문장을 간단하게 2문장 정도 말한다.
마무리 앞서 말한 주장을 한 번 더 말하면서 답변을 마무리하도록 한다.	**예시** 언급한 이유 문장을 뒷받침하는 부분으로, 보다 생생한 스토리텔링으로 설득력 있는 말하기를 완성한다. 고득점 완성의 가장 핵심이라고 말할 수 있다.
	마무리 완성도 높은 답변을 위해 시간 내에 답변을 마무리하도록 한다.

PART 5

문제 듣기　답안 듣기

🎧 P5_00_Q

TOEIC Speaking	Volume 🔊
Question 11 of 11	

Do you agree or disagree with the following statement?
To protect the environment, more people should use public transportation.
Support your opinion with specific reasons and examples.

PREPARATION TIME	00:00:30
RESPONSE TIME	00:01:00

다음의 주장에 동의하십니까, 반대하십니까?
'환경을 보호하기 위해, 더욱 더 많은 사람들이 대중교통을 이용해야 합니다.'
구체적인 이유와 예시를 들어 본인의 주장을 뒷받침해 보세요.

🎧 P5_00_A1

모범 답안

목표 Lev.5-6

주장	I agree that to protect the environment, more people should use public transportation. 저는 환경을 보호하기 위해서, 더 많은 사람들이 대중교통을 이용해야 한다는 것에 동의합니다.
근거	I have some reasons to support my opinion. When it comes to the environment, it is all about saving the earth. Saving the environment is easier than recovering the damaged environment. People should protect our environment for children. 제 의견을 뒷받침하는 이유가 있습니다. 환경에 대해 이야기하자면, 지구를 보호하는 것이 가장 중요합니다. 환경을 보호하는 것이 손상된 환경을 회복하는 것보다 더 쉽습니다. 사람들은 자손들을 위해서 환경을 보호해야 합니다.
주장과 관련된 문장	If more people use public transportation, we can reduce air pollution. 만약 더 많은 사람들이 대중교통을 이용한다면, 우리는 공기 오염을 줄일 수 있습니다.
마무리 재강조	So, I agree that to protect the environment, more people should use public transportation. 그러므로, 저는 환경을 보호하기 위해서, 더 많은 사람들이 대중교통을 이용해야 한다는 것에 동의합니다.

목표 Lev.7-8		
주장	I agree with this statement. 저는 이 주장에 동의합니다.	
근거	I have some reasons and an example to support this. When it comes to the environment, it is all about saving the earth. Saving the environment is easier than recovering the damaged environment. 이것을 뒷받침하기 위한 이유와 예시가 있습니다. 환경에 대해 말하자면, 지구를 보호하는 것이 가장 중요합니다. 환경을 보호하는 것이 손상된 환경을 회복하는 것보다 더 쉽습니다.	
예시 본인의 경험	For example, nowadays, global warming is a serious issue. I think more people should use public transportation for our own good. In my case, I always commute to work by bus. By doing so, I can be with board with reducing air pollution. 예를 들어, 요즘에, 지구 온난화가 심각한 문제입니다. 제 생각에 더 많은 사람들이 우리 자신을 위해서라도 대중교통을 이용해야 한다고 생각합니다. 저의 경우에, 항상 버스를 이용해 출퇴근을 합니다. 이렇게 함으로써, 공기 오염을 줄이는 데 동참할 수 있습니다.	
마무리	So, I agree with this statement. 그러므로, 저는 이 주장에 동의합니다.	

해결 TIP 환경 정책 찬성, 도시 녹지대 유지 찬성, 그리고 정부의 예산이 지원해야 할 곳의 환경 문제에 집중해서 주장 문장을 표현하면 위의 환경 만능 콤보로 답변이 가능합니다.

PART 5

핵심 문제 전략

음원 듣기

🎧 P5_01

1 문제 유형에 따른 주장 문장

❶ 찬성 또는 반대 의견을 묻는 질문

Q Do you agree or disagree that children need to exercise regularly after school hours?

아이들이 방과 후에 규칙적으로 운동해야 한다는 것에 동의하나요, 아니면 반대하나요?

A

> I agree (또는 disagree) that + **주어 + 동사 + (목적어)**.   저는 ~에 동의합니다 (또는 반대합니다).

→ I agree that children need to exercise regularly after school hours.

저는 아이들이 방과 후에 규칙적으로 운동해야 한다는 것에 동의합니다.

> I agree (또는 disagree) with + **명사구**.   저는 ~에 동의합니다 (또는 반대합니다).

→ I agree with this statement.

저는 이 주장에 동의합니다.

❷ 선호도를 묻는 질문

Q Some people prefer to buy books online and have them delivered to their home while others prefer to buy books at a bookstore. Which way do you prefer?

어떤 사람들은 온라인에서 책을 구매하여 집으로 배달 받는 것을 선호하고, 반면에 다른 사람들은 서점에서 책을 구매하는 것을 선호합니다. 당신은 어떤 방식을 선호하나요?

A

> I prefer to **동사 + (목적어)**.   저는 ~하는 것을 선호합니다.

→ I prefer to buy books online and have them delivered to my home.

저는 온라인에서 책을 구매하여 집으로 배달 받는 것을 선호합니다.

> **TIP**   자신의 선호도를 밝히는 문장이므로 문제의 some people이라는 주어를 I로 변형하여 대답한다.

❸ 세 가지 선택 사항 중 하나 선택하기

Q Which of the following do you think has the greatest influence on whether an author succeeds or not?

다음 중 어느 것이 작가로서 성공할지 말지에 가장 큰 영향을 미친다고 생각하나요?

- Patience 인내(력)
- Talent 재능
- Support from family and friends 가족과 친구들의 지지

A

> 주어 has / have influence on 목적어. ~가 ~에 영향력을 가집니다.

→ I think support from family and friends has the greatest influence on whether an author succeeds or not.

저는 가족과 친구들의 지지가 작가로서 성공할지 말지에 가장 큰 영향을 미친다고 생각합니다.

> 주어 is / are the most important. ~가 가장 중요합니다.

→ I think support from family and friends is the most important.

저는 가족과 친구들의 지지가 가장 중요하다고 생각합니다.

❹ 장점 혹은 단점 서술

Q What are the advantages / disadvantages of living in a big city?

큰 도시에 거주하는 것의 장점들 / 단점들은 무엇인가요?

A

> There are some advantages / disadvantages of + 명사(구) ~에는 몇 가지 장점들/단점들이 있습니다.

→ There are some advantages / disadvantages of living in a big city.

큰 도시에 거주하는 것에는 몇 가지 장점들 / 단점들이 있습니다.

🎧 P5_02

2 말이 막힐 때 적용하는 패턴

❶ 평소에 한 번도 생각해 보지 않은 소재가 나왔을 때

- I have not really thought about this issue thoroughly. However, ▓▓▓▓▓▓▓▓▓▓.

  사실 제가 이 주제에 대해 깊이 생각해 본 적은 없습니다. 하지만, ~입니다.

- While this is not something that I have seriously considered, I think that ▓▓▓▓▓▓▓▓▓.

  제가 이것을 심각하게 고려해 본 적은 없습니다만, 제 생각은 ~입니다.

❷ 본인의 현재 생활과 관련되지 않은 주제가 나왔을 때

- Because I am a college student, this topic is not very relevant to me at the moment. However, in my personal opinion, if I were a working adult, I would ▓▓▓▓▓▓▓▓▓▓▓.

  저는 대학생이기 때문에, 이 주제는 현재 저와 관련이 깊지는 않습니다. 하지만, 개인적인 생각으로, 제가 직장인이라면 저는 ～할 것입니다.

- I have not given this issue much thought recently because I am no longer a student. However, in my opinion, ▓▓▓▓▓▓▓▓▓▓.

  제가 더 이상 학생이 아니라서 이 주제에 대해 최근에 생각해 본 적은 없습니다. 하지만, 제 생각에는, ～입니다.

- Actually, I don't have children of my own yet. Therefore, I have not really thought about this. However, based on my personal experience, I think that ▓▓▓▓▓▓▓▓▓▓.

  사실은, 저는 자녀가 아직 없습니다. 그러므로, 사실 이것에 대해 생각해 본 적은 없습니다. 하지만, 개인적인 경험을 바탕으로 생각해 보았을 때, ～라고 생각합니다.

❸ 생각할 시간을 벌어야 할 때

같은 내용을 몇 문장에 걸쳐서 반복한다.

- I believe that there are both advantages and disadvantages in working with a business partner. However, I believe that there are more advantages than disadvantages. I have some reasons why I believe this and some examples.

  사업 파트너와 함께 일을 하는 것에는 장점과 단점 둘 다 있다고 생각합니다. 하지만, 저는 사업 파트너와 함께 일하는 것에는 단점보다는 장점이 더 많다고 생각합니다. 제가 그렇게 생각하는 이유와 예시가 있습니다.

- I strongly disagree with the statement that employees should be allowed to wear casual clothes at work. While some people who agree with this statement may have valid reasons for thinking this way, I personally disagree there should be such a policy. I have some reasons and examples to support this.

  저는 직원들이 직장에서 캐주얼 복장을 입는 것이 허용되어야 한다는 주장에 강력히 반대합니다. 이 주장에 동의하는 몇몇 사람들은 이렇게 생각하는 데에 타당한 이유가 있을 수도 있겠지만, 저는 개인적으로 그러한 규정이 있어야 한다는 것에 반대합니다. 다음과 같은 이유와 예시로 반대합니다.

  TIP 답변이 생각나지 않을 때 위 방법을 활용하는 것이 침묵하거나 머뭇거리는 것보다 낫지만, 같은 말을 계속 반복하는 것은 분명한 감점 요인이라는 것을 명심하자!

3 빈출 주제별 만능 답변

❶ 직장 생활에 대해서 물어본다면 이렇게!

– 직장에서 근무 시 나 혼자 잘하기보다 협동심이 더 중요하다.
– 직원들의 사기를 북돋아 주는 리더는 필수이다.

Step 1	**근거 문장 준비** 목표 Lev.5-6 ❶ Teamwork is the most important. 협동심이 가장 중요하다. ❷ motivate people to work hard 사람들이 열심히 일하도록 동기를 부여한다 ❸ get over difficult problems 어려운 문제를 극복한다
Step 2	**예시 문장 준비** 목표 Lev.7-8 For example, I worked as a part-timer at a café 5 years ago. Back then, I was inexperienced. However, I received a training manual, and a manager gave me a step-by-step demonstration. One day, I forgot how to make a customer's order. The manager didn't point the finger at me, and he even encouraged me. I got more motivated and I worked harder. 예를 들어, 저는 5년 전에 카페에서 아르바이트를 했습니다. 그 당시에, 저는 경험이 없었습니다. 하지만, 교육 안내를 받았고, 매니저님께서는 하나씩 차근차근 시범을 보여 주셨습니다. 하루는, 제가 고객이 주문한 것을 만드는 방법을 잊어버렸습니다. 매니저님께서는 저를 비난하지 않았고, 오히려 격려해 주셨습니다. 저는 더 동기 부여가 되었고 더 열심히 일했습니다. **TIP** 직장 생활 경험에서 동료로부터 도움 받은 예시를 스토리텔링 형식으로 이야기해 보자. 보다 생동감 있게 자신의 주장을 뒷받침할 수 있으며 고득점 답안이 완성된다.

어휘 inexperienced 경험이 없는, 미숙한 | step-by-step 하나씩 차근차근, 단계적으로 | point the finger at someone ~를 비난하다, ~ 탓으로 돌리다 | encourage 격려하다, 북돋아 주다

❷ 직업 선택 시 중요한 점을 물어본다면 이렇게!

– 회사 평판이나 근무 조건, 급여, 유연한 근무 시간은 중요하다.

Step 1	**근거 문장 준비** 목표 Lev.5-6 ❶ Working condition is the most important. 근무 조건이 가장 중요하다. ❷ motivate people to work hard 사람들이 열심히 일하도록 동기를 부여하다 ❸ be satisfied with one's job 직업에 만족하다
Step 2	**예시 문장 준비** 목표 Lev.7-8 For example, I have a sister who is working for a company which offers great employee benefits. The best thing about her job is the working hours. At 5 P.M. all computers in the company should be shut down and employees need to leave the company. This rule helps her maintain healthy work-life balance. In the evening, she works out in a fitness center and blows off steam. 예를 들어, 저는 우수한 직원 복지 혜택을 제공하는 회사에서 근무하는 언니가 있습니다. 그녀의 직장의 가장 좋은 점은 바로 근무 시간입니다. 오후 5시가 되면 회사의 모든 컴퓨터가 꺼지고 직원들은 퇴근을 해야 합니다. 이러한 규정은 그녀가 건강한 일과 삶의 균형을 유지하는 데 도움이 됩니다. 저녁 시간에 그녀는 피트니스 센터에서 운동을 하고 스트레스를 해소합니다.

어휘 the best thing about ~의 가장 좋은 점 | shut down (기계 등을) 끄다 | leave the company 퇴근하다 | maintain healthy work-life balance 일과 삶의 건강한 균형을 유지하다 | work out 운동하다 | blow off steam (어떠한 활동으로) 스트레스를 해소하다

❸ 교육에 대해 물어본다면 이렇게!

– 교육에서 다양한 야외 활동은 중요하다.
– 청소년에게 운동을 적극 권장한다.
– 어린이에게 롤 모델로 유명인보다는 선생님을 추천한다.

Step 1	**근거 문장 준비** 목표 Lev.5-6 ❶ improve social skills 사교력을 발달시킨다 ❷ find one's talent 본인의 재능을 발견하게 된다 ❸ Teachers can touch children's lives. 선생님은 아이들에게 (정서적으로) 귀감이 될 수 있다.
Step 2	**예시 문장 준비** 목표 Lev.7-8 For example, I used to participate in a lot of team sports during the school hours. It was a good chance to learn teamwork and get to know my classmates. One semester, I practiced playing basketball games. I learned how to pass a ball and how to communicate with my teammates. The P.E. teacher helped us to improve our basketball skills. From this experience, I got in great shape and I learned how to roll with the punches. 예를 들어, 저는 학교 수업 시간에 많은 단체 운동에 참여하곤 했습니다. 협동심을 배우고 반 친구들을 알아 갈 수 있는 좋은 기회였습니다. 어느 학기에는, 농구 게임을 연습하였습니다. 저는 공을 패스하는 방법 그리고 팀원들과 소통하는 방법을 배웠습니다. 체육 선생님은 저희가 농구 기술을 발전시켜 나가도록 도와주셨습니다. 이런 경험을 통해, 저는 멋진 몸매를 가졌고 힘든 상황에 유연하게 대처하는 법도 배웠습니다.

어휘 used to V (과거에) ~하곤 했다 | how to V ~하는 방법 | progress skill 기술을 발전시켜 나가다 | get in great shape 멋진 몸매를 갖다, 건강해지다 | roll with the punches 힘든 상황에 유연하게 대처하다

❹ 인터넷 사용에 대해 물어본다면 이렇게!

– 이메일이나 문자로 소통하는 것은 대면 소통보다 훨씬 편리하다.
– 신문이나 TV보다 인터넷으로 소식을 가장 많이 접한다.
– 인터넷은 우리의 삶을 편리하게 해 주었다.

Step 1	**근거 문장 준비** 목표 Lev.5-6 ❶ save time and energy 시간과 에너지를 아껴준다 ❷ communicate with people whenever I want to 내가 원할 때면 언제든지 사람들과 소통한다 ❸ look up some information 정보를 찾다 ❹ get with the times 시대에 발맞춰 산다
Step 2	**예시 문장 준비** 목표 Lev.7-8 ⟜ 쇼핑몰과 같은 한 회사(a company)는 대명사 They로 지칭한다. For example, I often buy items online. In Korea, there is an ABC online shopping mall. They guarantee that the items will be delivered within a day. A few days ago, I was almost out of toilet paper. I used a smartphone to place an order. The next morning, the item was delivered. It was very convenient. 예를 들어, 저는 자주 온라인으로 물건을 구매합니다. 한국에는, 'ABC' 온라인 쇼핑몰이 있습니다. 그들은 하루 만에 물건을 배송해 줄 것을 보장합니다. 며칠 전에, 저는 화장실 휴지가 거의 다 떨어져 가고 있었습니다. 저는 스마트폰을 이용하여 주문하였습니다. 다음 날 아침, 물건이 배송되었습니다. 매우 편리했습니다.

어휘 guarantee 보장하다 | within ~이내에 | be out of ~이 다 떨어지다 | convenient 편리한

❺ 여행이나 삶의 경험에 대해 물어본다면 이렇게!

- 새로운 곳으로의 여행이 좋다.
- 주거 공간 또한 변화가 좋다.
- 큰 도시가 좋다.

Step 1	**근거 문장 준비** 목표 Lev.5-6 ❶ be inspired 영감을 얻는다 ❷ broaden one's horizons 견문을 넓힌다 ❸ think outside the box 새로운 생각을 한다 ❹ make new friends 새로운 친구를 사귄다
Step 2	**예시 문장 준비** 목표 Lev.7-8 For example, I enjoy going on a trip to a new place. A few years ago, I went backpacking to Europe alone. The most memorable city was Paris, France. While traveling there, I could taste local foods such as croissants, onion soup and many others. It was a great pleasure for me to sit back and enjoy people watching. It was the most romantic city I've ever visited. 예를 들어, 저는 새로운 곳으로 여행을 떠나는 것을 즐깁니다. 몇 년 전에, 저는 유럽으로 혼자 배낭여행을 떠났습니다. 가장 기억에 남는 도시는 프랑스의 파리입니다. 그곳을 여행하면서, 크로와상, 양파 수프 그리고 기타 여러 가지와 같은 지역 음식을 맛볼 수 있었습니다. 느긋하게 앉아서 사람들 구경을 즐기는 것도 매우 즐거웠습니다. 제가 가본 곳 중에 가장 로맨틱한 도시였습니다.

어휘 go on a trip to ~로 여행을 떠나다 | go backpacking 배낭여행을 가다 | sit back (주로 몸을 뒤로 젖히고 의자에) 느긋하게 앉다 | I've ever p.p. 내가 여태껏 ~해본 것 중에

❻ 부모나 친구에 대해 물어본다면 이렇게!

- 일 때문에 포기할 수 없을 정도로 소중하다.
- 일을 잘하기 위해서도 부모님이나 친구의 응원은 필요하다.
- 나에게 가장 좋은 조언을 해줄 수 있는 사람들이다.

Step 1	**근거 문장 준비** 목표 Lev.5-6 ❶ support me and wish me luck 나를 응원해주고 나에게 행운을 빌어 준다 ❷ know me well 나를 잘 안다 ❸ give me good advice 나에게 좋은 조언을 해 준다 ❹ make a smart decision 현명한 선택을 하다
Step 2	**예시 문장 준비** 목표 Lev.7-8 For example, I have a best friend named ▬▬▬▬. He has a great sense of humor and knows me inside out. A few weeks ago, I was looking for a place to live. My friend rolled up his sleeves and helped me out. I looked around several places while speaking with him. Finally, I found the perfect one. 예를 들어, 제게는 가장 친한 친구 ▬▬▬▬(이)가 있습니다. 그는 뛰어난 유머 감각을 가지고 있고 저를 속속들이 잘 압니다. 몇 주 전에, 저는 살 집을 알아보고 있었습니다. 그는 소매를 걷어붙이고 저를 도와주었습니다. 그와 이야기를 나누며 몇 곳을 둘러보았습니다. 결국, 완벽한 곳을 찾았습니다.

어휘 great sense of humor 뛰어난 유머 감각 | know someone inside out ~를 속속들이 알다, 아주 잘 알다 | roll up one's sleeves 소매를 걷어붙이다 | look around 둘러보다

❼ 독서에 대해 물어본다면 이렇게!

– 즐거움을 위한 독서는 좋은 것이다.

– 새로운 것을 배울 때 책을 통해 배우는 것이 좋다.

– 아이들에게도 독서는 적극 권장한다.

Step 1	**근거 문장 준비** 목표 Lev.5-6 ❶ have secondhand experience 간접 경험을 한다 ❷ be knowledgeable 지식이 풍부해진다 ❸ fully focus on the contents 내용에 완전히 집중한다 ❹ use my own imagination 자신만의 상상력을 발휘한다
Step 2	**예시 문장 준비** 목표 Lev.7-8 For example, last year, I got interested in watching baseball games. At first, I was very confused. So, I bought a book about baseball games which consisted of simple baseball rules. By reading a book, I could understand the layout of the baseball field, what is strike zone and the importance of pitchers. Nowadays, I am so wrapped up in watching baseball games as my hobby. 예를 들어, 작년에, 저는 야구 경기 관람에 관심을 가지게 되었습니다. 처음에는, 매우 혼란스러웠습니다. 그래서, 저는 야구 경기에 관한 간단한 야구 규칙으로 구성된 책을 구매하였습니다. 책을 읽음으로써, 야구장의 구조라든지, 스트라이크 존은 무엇인지 그리고 투수의 중요성에 대해 알게 되었습니다. 요즘은, 취미 생활로 야구 경기 관람에 정말 푹 빠져 있습니다.

어휘 get interested in ~에 관심이 생기다 | confused 혼란스러운 | consist of ~로 구성되다 | be wrapped up in ~에 푹 빠져있다

❽ 환경 문제에 대해 물어본다면 이렇게!

– 자가운전보다는 대중교통을 이용해야 한다.

– 도시의 녹지대는 늘어나야 한다.

– 재활용 관련 규정에 적극 찬성한다.

Step 1	**근거 문장 준비** 목표 Lev.5-6 ❶ Saving environment is very important. 환경을 보호하는 것은 매우 중요하다. ❷ It is easier than recovering the damaged environment. 　손상된 환경을 회복하는 것보다 (환경 보호가) 더 쉽다. ❸ We should protect our environment for our children. 자손들을 위해서라도 환경을 보호해야 한다.
Step 2	**예시 문장 준비** 목표 Lev.7-8 For example, I always commute to work by bus. My city is equipped with great subway system and bus-only lanes. By using a bus, I can avoid traffic jams and be on time. In addition, I can be on board on reducing air pollution. Nowadays, global warming is a serious issue. I think more people should use public transportation for the next generation. 예를 들어, 저는 버스로 통근합니다. 우리 도시에는 우수한 지하철 시스템과 버스 전용 노선이 갖추어져 있습니다. 버스를 이용함으로써, 저는 교통 체증을 피할 수 있고 시간 약속을 지킬 수 있습니다. 게다가, 공기 오염을 줄이는 데 동참할 수도 있습니다. 요즘에, 지구 온난화는 심각한 문제입니다. 저는 다음 세대를 위해서도 더 많은 사람들이 대중 교통을 이용해야 한다고 생각합니다.

❾ 성공 요인에 대해서 물어본다면 이렇게!

– 원래 타고난 재능이나 행운보다 성실함이 중요하다.

– 성공을 위해 필요한 것은 성실히 노력하는 것이다.

Step 1	**근거 문장 준비** 목표 Lev.5-6 ❶ Practice makes perfect. 연습이 완벽을 만든다. ❷ If a person works hard every day, he can become good at it. 누군가 매일 열심히 일한다면, 그는 그것을 잘하게 된다. ❸ He is more likely to succeed in the field. 그는 그 분야에서 성공할 가능성이 더 높다.
Step 2	**예시 문장 준비** 목표 Lev.7-8 For example, I am a big fan of Jim Carrey, the movie star. When he was a kid, his family was very poor. They even lived in a car. However, he never gave up. He visualized his dream and tried again and again. He made every effort to become an actor. Now, he is one of the most famous movie starts in Holleywood. I respect his achievement. 예를 들어, 저는 영화배우인 짐 캐리의 열혈 팬입니다. 그가 어렸을 때, 그의 가족은 너무나 가난했습니다. 그들은 심지어 자동차에서 살았다고 합니다. 하지만, 그는 포기하지 않았습니다. 그는 그의 꿈을 시각화했고 계속해서 시도했다고 합니다. 그는 배우가 되기 위해 온갖 노력을 다했습니다. 현재, 그는 할리우드에서 가장 유명한 영화 배우들 중 한 명입니다. 저는 그의 업적을 존경합니다.

어휘 a big fan of ～의 열혈 팬 | make every effort 온갖 노력을 다하다

PART 5

Actual Test 01

TOEIC Speaking

Volume

Speaking Test Directions

This is the TOEIC Speaking Test. This test includes 11 questions that measure different aspects of your speaking ability. The test lasts approximately 20 minutes.

Question	Task	Evaluation Criteria
1-2	Read a text aloud	• pronunciation • intonation and stress
3-4	Describe a picture	all of the above, plus • grammar • vocabulary • cohesion
5-7	Respond to questions	all of the above, plus • relevance of content • completeness of content
8-10	Respond to questions using information provided	all of the above
11	Express an opinion	all of the above

For each type of question, you will be given specific directions, including the time allowed for preparation and speaking.

It is to your advantage to say as much as you can in the time allowed. It is also important that you speak clearly and that you answer each question according to the directions.

Click on **Continue** to go on.

TOEIC Speaking

Questions 1-2: Read a text aloud

Directions: In this part of the test, you will read aloud the text on the screen. You will have 45 seconds to prepare. Then you will have 45 seconds to read the text aloud.

TOEIC Speaking

Question 1 of 11

Here is the local news. Central Bus Company revealed a plan to operate all center city bus lines as of next month. According to the president, they will provide service that is fast, punctual and efficient. As soon as the company gets the city's approval, changes will take place promptly. They also announced that customers might see a modest increase in fees.

PREPARATION TIME	00:00:45
RESPONSE TIME	00:00:45

TOEIC Speaking

Question 2 of 11

I am honored to be your guide today. During the tour of the Great Park, you can see a wide selection of plants. You are allowed to walk around the park and take photos in the garden. Please remember to remain on the trail, check the time schedule in the brochure and do not pick the flowers.

PREPARATION TIME	00:00:45
RESPONSE TIME	00:00:45

Questions 3-4: Describe a picture

Directions: In this part of the test, you will describe the picture on your screen in as much detail as you can. You will have 45 seconds to prepare your response. Then you will have 30 seconds to speak about the picture.

PREPARATION TIME	00:00:45
RESPONSE TIME	00:00:30

PREPARATION TIME	00:00:45

RESPONSE TIME	00:00:30

Questions 5-7: Respond to questions

Directions: In this part of the test, you will answer three questions. You will have three seconds to prepare after you hear each question. You will have 15 seconds to respond to Questions 5 and 6, and 30 seconds to respond to Question 7.

Imagine that a marketing firm in the US is doing research in your area. You have agreed to participate in a telephone interview about advertisements on the Internet.

How much time do you spend on the Internet each day? What purposes do you mostly use the Internet for?

PREPARATION TIME	00:00:03
RESPONSE TIME	00:00:15

Have you ever clicked on online advertisements? What kind of item were they advertising?

PREPARATION TIME	00:00:03
RESPONSE TIME	00:00:15

Which of the following do you think would be the best to advertise on the Internet? Why?
- Smartphones
- Travel packages
- Furniture

PREPARATION TIME	00:00:03
RESPONSE TIME	00:00:30

Questions 8-10: Respond to questions using information provided

Directions: In this part of the test, you will answer three questions based on the information provided. You will have 45 seconds to read the information before the questions begin. You will have three seconds to prepare after you hear each question. You will have 15 seconds to respond to Questions 8 and 9, and 30 seconds to respond to Question 10.

Customer Service Conference
Creek Convention Center, Denver
Fri., Nov. 28th

Time	Agenda	Speaker
10:00 – 11:00 A.M.	Lecture: Smart Customer Service	Nicholas Martin
11:00 – 11:30 A.M.	Presentation: Modern Customer Experience	Liz Evans
11:30 A.M. – noon	Video: Customer Service Strategies	Elle Kelley
Noon – 1:00 P.M.	Lunch	
1:00 – 3:00 P.M.	Discussion: Using Social Media	Liz Evans
3:00 – 4:00 P.M.	Question and Answer Session	Melissa Sanchez

PREPARATION TIME
00:00:45

PREPARATION TIME	RESPONSE TIME
00:00:03	00:00:15

PREPARATION TIME	RESPONSE TIME
00:00:03	00:00:15

PREPARATION TIME	RESPONSE TIME
00:00:03	00:00:30

Question 11: Express an opinion

Directions: In this part of the test, you will give your opinion about a specific topic. Be sure to say as much as you can in the time allowed. You will have 30 seconds to prepare. Then you will have 60 seconds to speak.

Question 11 of 11

Do you agree or disagree with the following statement?

To be successful in the workplace, an employee should work independently.

Give specific reasons and examples to support your opinion.

PREPARATION TIME	00:00:30
RESPONSE TIME	00:01:00

Actual Test 02

TOEIC Speaking

Volume

Speaking Test Directions

This is the TOEIC Speaking Test. This test includes 11 questions that measure different aspects of your speaking ability. The test lasts approximately 20 minutes.

Question	Task	Evaluation Criteria
1-2	Read a text aloud	• pronunciation • intonation and stress
3-4	Describe a picture	all of the above, plus • grammar • vocabulary • cohesion
5-7	Respond to questions	all of the above, plus • relevance of content • completeness of content
8-10	Respond to questions using information provided	all of the above
11	Express an opinion	all of the above

For each type of question, you will be given specific directions, including the time allowed for preparation and speaking.

It is to your advantage to say as much as you can in the time allowed. It is also important that you speak clearly and that you answer each question according to the directions.

Click on **Continue** to go on.

Questions 1-2: Read a text aloud

Directions: In this part of the test, you will read aloud the text on the screen. You will have 45 seconds to prepare. Then you will have 45 seconds to read the text aloud.

In local news, the mayor gave a speech on the redevelopment project of the downtown area. He said that the city will relocate the highway, expand the park and build some new bus stops. The current facility is outdated, so it's time to improve social conditions. A lot of business owners in the city will take advantage of this project.

PREPARATION TIME	00:00:45
RESPONSE TIME	00:00:45

Good afternoon. It's a great pleasure to be your guide today at Chard Farm Winery. I will show you around the vineyard and then we will explore the wine cellar. At the corner of the wine cellar, there is a gift shop. We carry all sorts of wine, beautiful glassware and various wine furniture.

PREPARATION TIME	00:00:45
RESPONSE TIME	00:00:45

Questions 3-4: Describe a picture

Directions: In this part of the test, you will describe the picture on your screen in as much detail as you can. You will have 45 seconds to prepare your response. Then you will have 30 seconds to speak about the picture.

Question 3 of 11

PREPARATION TIME	00:00:45
RESPONSE TIME	00:00:30

PREPARATION TIME	00:00:45

| RESPONSE TIME | 00:00:30 |

Actual Test 02

Questions 5-7: Respond to questions

Directions: In this part of the test, you will answer three questions. You will have three seconds to prepare after you hear each question. You will have 15 seconds to respond to Questions 5 and 6, and 30 seconds to respond to Question 7.

Imagine that a Canadian marketing firm is doing research in your country. You have agreed to participate in a telephone interview about buying athletic clothes.

How often do you buy athletic clothes? What was the last item you bought?

PREPARATION TIME	00:00:03
RESPONSE TIME	00:00:15

How far is the nearest athletic clothing store from your house, and do you think it is easy to access?

PREPARATION TIME	00:00:03
RESPONSE TIME	00:00:15

When buying athletic clothing, do you think it is better to buy it online or at a physical store? Why?

PREPARATION TIME	00:00:03
RESPONSE TIME	00:00:30

Actual Test 02

Questions 8-10: Respond to questions using information provided

Directions: In this part of the test, you will answer three questions based on the information provided. You will have 45 seconds to read the information before the questions begin. You will have three seconds to prepare after you hear each question. You will have 15 seconds to respond to Questions 8 and 9, and 30 seconds to respond to Question 10.

Quarterly Performance Report
Staff Meeting, Wells Fargo Bank
April 7th, Wellington Center, Meeting Room 5B

Time	Agenda	Speaker
9:00 – 9:20 A.M.	Refreshments (provided in the cafeteria)	
9:20 – 10:00 A.M.	Recent Contracts • purchase contracts • financing strategy	Adrian Gold, Finance Department
10:00 – 10:30 A.M.	Customer Feedback Report • overall customer satisfaction • service plan for the next year	Owen Cooper, Client Support Team
10:30 – 11:00 A.M.	Discussion: Improving Communication Skills	Paul Connate

PREPARATION TIME
00:00:45

PREPARATION TIME	RESPONSE TIME
00:00:03	00:00:15

PREPARATION TIME	RESPONSE TIME
00:00:03	00:00:15

PREPARATION TIME	RESPONSE TIME
00:00:03	00:00:30

Question 11: Express an opinion

Directions: In this part of the test, you will give your opinion about a specific topic. Be sure to say as much as you can in the time allowed. You will have 30 seconds to prepare. Then you will have 60 seconds to speak.

TOEIC Speaking   Volume
🔊
Question 11 of 11

When learning a new skill, would you like to learn it from your coworker in person or by taking an online course? Why?
Support your opinion with specific reasons and examples.

PREPARATION TIME	00:00:30
RESPONSE TIME	00:01:00

Actual Test 03

TOEIC Speaking

Volume

Speaking Test Directions

This is the TOEIC Speaking Test. This test includes 11 questions that measure different aspects of your speaking ability. The test lasts approximately 20 minutes.

Question	Task	Evaluation Criteria
1-2	Read a text aloud	• pronunciation • intonation and stress
3-4	Describe a picture	all of the above, plus • grammar • vocabulary • cohesion
5-7	Respond to questions	all of the above, plus • relevance of content • completeness of content
8-10	Respond to questions using information provided	all of the above
11	Express an opinion	all of the above

For each type of question, you will be given specific directions, including the time allowed for preparation and speaking.

It is to your advantage to say as much as you can in the time allowed. It is also important that you speak clearly and that you answer each question according to the directions.

Click on **Continue** to go on.

Questions 1-2: Read a text aloud

Directions: In this part of the test, you will read aloud the text on the screen. You will have 45 seconds to prepare. Then you will have 45 seconds to read the text aloud.

Are you looking for something interesting to do this weekend? If so, then you can stop by the National Art Gallery this Saturday. We are holding the annual art fair. There will be an interactive exhibit, crafts and a charity art auction. We are open from 9 A.M. to 6 P.M., so please feel free to stop by at your convenience.

PREPARATION TIME	00:00:45
RESPONSE TIME	00:00:45

Our next guest on the Tonight Show is Ms. Margaret Lambert, the famous director. She will be talking about her long career, volunteer work and her upcoming film. At the end of show, we will be accepting questions from the listeners. You can leave us a message on the website.

PREPARATION TIME	00:00:45
RESPONSE TIME	00:00:45

Questions 3-4: Describe a picture

Directions: In this part of the test, you will describe the picture on your screen in as much detail as you can. You will have 45 seconds to prepare your response. Then you will have 30 seconds to speak about the picture.

PREPARATION TIME	00:00:45
RESPONSE TIME	00:00:30

PREPARATION TIME	00:00:45

| RESPONSE TIME | 00:00:30 |

Questions 5-7: Respond to questions

Directions: In this part of the test, you will answer three questions. You will have three seconds to prepare after you hear each question. You will have 15 seconds to respond to Questions 5 and 6, and 30 seconds to respond to Question 7.

Imagine that your town council is conducting research. You have agreed to participate in a telephone interview about tourism in your area.

How long have you lived in your area? Do you know your area well?

PREPARATION TIME	00:00:03
RESPONSE TIME	00:00:15

If a tourist asked you for a dining recommendation in the area, which restaurant would you recommend? Why?

PREPARATION TIME	00:00:03
RESPONSE TIME	00:00:15

Which of the following features of your area do you think is most likely to attract tourists? Why?
- Historical landmarks
- Outdoor activities
- Art and culture

PREPARATION TIME	00:00:03
RESPONSE TIME	00:00:30

Questions 8-10: Respond to questions using information provided

Directions: In this part of the test, you will answer three questions based on the information provided. You will have 45 seconds to read the information before the questions begin. You will have three seconds to prepare after you hear each question. You will have 15 seconds to respond to Questions 8 and 9, and 30 seconds to respond to Question 10.

Greenville Community Center
Study Skills Course Schedule
July 2nd — August 12th
Fee: $70 (per course)

Date	Course	Time	Instructor
July 2	Note Taking Skills	7:00 – 8:30 A.M.	Frances Brown
July 10	Academic Writing	6:30 – 8:00 P.M.	Rachel Williams
July 16	Strategies for Active Learning	3:00 – 4:30 P.M.	Martha Miler
July 25	~~Homework Planning~~ *Canceled*	2:30 – 4:00 P.M.	Marc Patton
August 3	Memory and Test Preparation	9:30 – 11:00 A.M.	William Campbell
August 12	Time Management	7:00 – 8:30 P.M.	Kimberly Robinson

PREPARATION TIME
00:00:45

PREPARATION TIME	RESPONSE TIME
00:00:03	00:00:15

PREPARATION TIME	RESPONSE TIME
00:00:03	00:00:15

PREPARATION TIME	RESPONSE TIME
00:00:03	00:00:30

Question 11: Express an opinion

Directions: In this part of the test, you will give your opinion about a specific topic. Be sure to say as much as you can in the time allowed. You will have 30 seconds to prepare. Then you will have 60 seconds to speak.

Do you think companies should allow employees to take a vacation to manage stress at work?

Support your opinion with specific reasons and examples.

PREPARATION TIME	00:00:30
RESPONSE TIME	00:01:00

Actual Test 04

TOEIC Speaking

Volume

Speaking Test Directions

This is the TOEIC Speaking Test. This test includes 11 questions that measure different aspects of your speaking ability. The test lasts approximately 20 minutes.

Question	Task	Evaluation Criteria
1-2	Read a text aloud	• pronunciation • intonation and stress
3-4	Describe a picture	all of the above, plus • grammar • vocabulary • cohesion
5-7	Respond to questions	all of the above, plus • relevance of content • completeness of content
8-10	Respond to questions using information provided	all of the above
11	Express an opinion	all of the above

For each type of question, you will be given specific directions, including the time allowed for preparation and speaking.

It is to your advantage to say as much as you can in the time allowed. It is also important that you speak clearly and that you answer each question according to the directions.

Click on **Continue** to go on.

Questions 1-2: Read a text aloud

Directions: In this part of the test, you will read aloud the text on the screen. You will have 45 seconds to prepare. Then you will have 45 seconds to read the text aloud.

Have you been searching for the best deals on groceries and home appliances? Then come down to Giant Hypermarket on Main Street. We are having our biggest sale of the year! Check out the discounts on deli meats, baked goods and vacuum cleaners. We expect to sell out quickly, so please don't hesitate to visit today!

PREPARATION TIME	00:00:45
RESPONSE TIME	00:00:45

Our next guest on Book Talk is Karen Castillo, the famous author. She recently released a mystery novel, "*Rebecca*". We will discuss what inspired her the most. The topic will cover her strong social media presence, where she wrote the book and the features of each character in the book. Please give a round of applause for Karen Castillo.

PREPARATION TIME	00:00:45
RESPONSE TIME	00:00:45

Actual Test 04

Questions 3-4: Describe a picture

Directions: In this part of the test, you will describe the picture on your screen in as much detail as you can. You will have 45 seconds to prepare your response. Then you will have 30 seconds to speak about the picture.

PREPARATION TIME	00:00:45
RESPONSE TIME	00:00:30

PREPARATION TIME	00:00:45

RESPONSE TIME	00:00:30

Questions 5-7: Respond to questions

Directions: In this part of the test, you will answer three questions. You will have three seconds to prepare after you hear each question. You will have 15 seconds to respond to Questions 5 and 6, and 30 seconds to respond to Question 7.

Imagine that a local marketing firm is doing research in your area. You have agreed to participate in a telephone interview about social events.

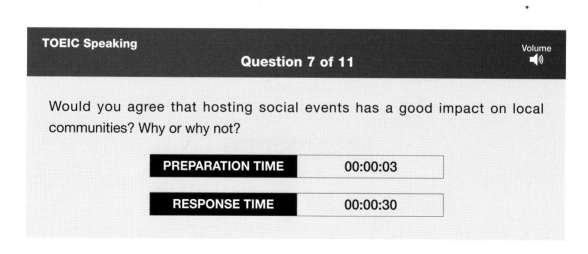
When did you last go to a social event? What kind of event was it?

PREPARATION TIME	00:00:03
RESPONSE TIME	00:00:15

Would you spend money on souvenirs if you were at a social event? Why or why not?

PREPARATION TIME	00:00:03
RESPONSE TIME	00:00:15

Would you agree that hosting social events has a good impact on local communities? Why or why not?

PREPARATION TIME	00:00:03
RESPONSE TIME	00:00:30

Actual Test 04

Questions 8-10: Respond to questions using information provided

Directions: In this part of the test, you will answer three questions based on the information provided. You will have 45 seconds to read the information before the questions begin. You will have three seconds to prepare after you hear each question. You will have 15 seconds to respond to Questions 8 and 9, and 30 seconds to respond to Question 10.

Travel Itinerary for Isaac Edwards			
Depart:	New York	American Airlines #582	08:00 A.M., September 21st
Arrive:	Chicago		09:30 A.M., September 21st

"Hotel Arrangement"
Found Hotel, Chicago River North (613 North Wells Street, Chicago)
September 21 – September 25

Day Trip to new branch (car provided)
September 22

Depart:	Chicago	American Airlines #901	10:00 A.M., September 25th
Arrive:	New York		11:30 A.M., September 25th

PREPARATION TIME
00:00:45

PREPARATION TIME	RESPONSE TIME
00:00:03	00:00:15

PREPARATION TIME	RESPONSE TIME
00:00:03	00:00:15

PREPARATION TIME	RESPONSE TIME
00:00:03	00:00:30

Question 11: Express an opinion

Directions: In this part of the test, you will give your opinion about a specific topic. Be sure to say as much as you can in the time allowed. You will have 30 seconds to prepare. Then you will have 60 seconds to speak.

Which of the following do you think is more important for children's development: visiting art galleries or participating in sports events? Why?
Support your opinion with specific reasons and examples.

PREPARATION TIME	00:00:30
RESPONSE TIME	00:01:00

Actual

Test 04

Actual Test 05

TOEIC Speaking

Volume
🔊

Speaking Test Directions

This is the TOEIC Speaking Test. This test includes 11 questions that measure different aspects of your speaking ability. The test lasts approximately 20 minutes.

Question	Task	Evaluation Criteria
1-2	Read a text aloud	• pronunciation • intonation and stress
3-4	Describe a picture	all of the above, plus • grammar • vocabulary • cohesion
5-7	Respond to questions	all of the above, plus • relevance of content • completeness of content
8-10	Respond to questions using information provided	all of the above
11	Express an opinion	all of the above

For each type of question, you will be given specific directions, including the time allowed for preparation and speaking.

It is to your advantage to say as much as you can in the time allowed. It is also important that you speak clearly and that you answer each question according to the directions.

Click on **Continue** to go on.

Questions 1-2: Read a text aloud

Directions: In this part of the test, you will read aloud the text on the screen. You will have 45 seconds to prepare. Then you will have 45 seconds to read the text aloud.

It's time for the evening weather update. After having two days of snowstorms, the Sun Valley area will finally experience warmer temperatures. The snowfall has already become lighter and it will soon stop completely. In fact, the sun should be out for most of the day tomorrow. However, we can expect lower temperatures, clouds and more snow by the end of the week.

PREPARATION TIME	00:00:45
RESPONSE TIME	00:00:45

Thank you for tuning into the morning traffic report. Due to the long holiday weekend, we are expecting heavy traffic around the city on Thursday, Friday and Monday. On top of that, due to the predicted bad weather, traffic and transportation conditions will be even worse. If you are traveling over the weekend, please plan ahead.

PREPARATION TIME	00:00:45
RESPONSE TIME	00:00:45

Questions 3-4: Describe a picture

Directions: In this part of the test, you will describe the picture on your screen in as much detail as you can. You will have 45 seconds to prepare your response. Then you will have 30 seconds to speak about the picture.

PREPARATION TIME	00:00:45
RESPONSE TIME	00:00:30

PREPARATION TIME	00:00:45
RESPONSE TIME	00:00:30

Actual Test 05

Questions 5-7: Respond to questions

Directions: In this part of the test, you will answer three questions. You will have three seconds to prepare after you hear each question. You will have 15 seconds to respond to Questions 5 and 6, and 30 seconds to respond to Question 7.

Imagine that a bus company wants to improve their service by conducting a survey in your area. You have agreed to participate in a telephone interview about traveling by bus.

When was the last time you took a bus? Where did you go?

PREPARATION TIME	00:00:03
RESPONSE TIME	00:00:15

How long do you need to wait for a bus to come? What do you usually do while waiting?

PREPARATION TIME	00:00:03
RESPONSE TIME	00:00:15

What service do you think bus companies should improve to keep their passengers satisfied? Why?

PREPARATION TIME	00:00:03
RESPONSE TIME	00:00:30

Actual Test 05

Questions 8-10: Respond to questions using information provided

Directions: In this part of the test, you will answer three questions based on the information provided. You will have 45 seconds to read the information before the questions begin. You will have three seconds to prepare after you hear each question. You will have 15 seconds to respond to Questions 8 and 9, and 30 seconds to respond to Question 10.

Christopher Nelson, Restaurant Manager
Schedule for Tuesday, July 6th

Time	Schedule
9:00 – 10:00 A.M.	Meeting with food vendor
10:00 – 11:00 A.M.	~~Interview with magazine~~ *moved to July 10th, 11 A.M.*
11:00 A.M. – noon	New menu item: discuss with head chefs
Noon – 1:00 P.M.	Lunch
1:00 – 2:00 P.M.	Review: monthly budget
2:00 – 3:00 P.M.	New menu item: brainstorming with servers
3:00 – 4:00 P.M.	Refrigerator inventory check

PREPARATION TIME
00:00:45

PREPARATION TIME	RESPONSE TIME
00:00:03	00:00:15

PREPARATION TIME	RESPONSE TIME
00:00:03	00:00:15

PREPARATION TIME	RESPONSE TIME
00:00:03	00:00:30

Question 11: Express an opinion

Directions: In this part of the test, you will give your opinion about a specific topic. Be sure to say as much as you can in the time allowed. You will have 30 seconds to prepare. Then you will have 60 seconds to speak.

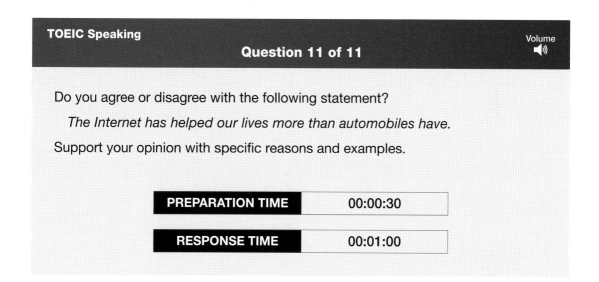

Do you agree or disagree with the following statement?

The Internet has helped our lives more than automobiles have.

Support your opinion with specific reasons and examples.

PREPARATION TIME	00:00:30
RESPONSE TIME	00:01:00

Actual Test 06

TOEIC Speaking

Volume

Speaking Test Directions

This is the TOEIC Speaking Test. This test includes 11 questions that measure different aspects of your speaking ability. The test lasts approximately 20 minutes.

Question	Task	Evaluation Criteria
1-2	Read a text aloud	• pronunciation • intonation and stress
3-4	Describe a picture	all of the above, plus • grammar • vocabulary • cohesion
5-7	Respond to questions	all of the above, plus • relevance of content • completeness of content
8-10	Respond to questions using information provided	all of the above
11	Express an opinion	all of the above

For each type of question, you will be given specific directions, including the time allowed for preparation and speaking.

It is to your advantage to say as much as you can in the time allowed. It is also important that you speak clearly and that you answer each question according to the directions.

Click on **Continue** to go on.

Questions 1-2: Read a text aloud

Directions: In this part of the test, you will read aloud the text on the screen. You will have 45 seconds to prepare. Then you will have 45 seconds to read the text aloud.

Now for our nightly weather report. As you look at the weather map, it's obvious that winter isn't finished with the Northeast yet. Our forecast predicts snow, sleet, and moderate winds for tomorrow morning although this storm will move out of our area by early evening. The low temperatures will continue throughout the week.

PREPARATION TIME	00:00:45
RESPONSE TIME	00:00:45

We'll begin our broadcast with traffic updates. In an effort to improve traffic flow, several roads in the downtown region are scheduled to be widened this week. According to transportation officials, multiple sections of Walker Avenue, Highway 16 and Second Street will be affected. Drivers should expect additional travel time during the construction period.

PREPARATION TIME	00:00:45
RESPONSE TIME	00:00:45

Questions 3-4: Describe a picture

Directions: In this part of the test, you will describe the picture on your screen in as much detail as you can. You will have 45 seconds to prepare your response. Then you will have 30 seconds to speak about the picture.

PREPARATION TIME	00:00:45
RESPONSE TIME	00:00:30

PREPARATION TIME	00:00:45

| RESPONSE TIME | 00:00:30 |

Questions 5-7: Respond to questions

Directions: In this part of the test, you will answer three questions. You will have three seconds to prepare after you hear each question. You will have 15 seconds to respond to Questions 5 and 6, and 30 seconds to respond to Question 7.

Imagine that a marketing firm is doing research in your area. You have agreed to participate in a telephone interview about watching a movie using streaming services.

How often do you watch movies using a streaming service? What kind of movie did you watch the last time you watched a movie using a streaming service?

PREPARATION TIME	00:00:03
RESPONSE TIME	00:00:15

Are you more likely to use a movie streaming service on your smartphone or on a computer? Why?

PREPARATION TIME	00:00:03
RESPONSE TIME	00:00:15

When choosing a movie to watch by using a streaming service, which of the following would be the most important to you? Why?
- Ratings
- Movie director
- Genre

PREPARATION TIME	00:00:03
RESPONSE TIME	00:00:30

Actual Test 06

Questions 8-10: Respond to questions using information provided

Directions: In this part of the test, you will answer three questions based on the information provided. You will have 45 seconds to read the information before the questions begin. You will have three seconds to prepare after you hear each question. You will have 15 seconds to respond to Questions 8 and 9, and 30 seconds to respond to Question 10.

Tina Brown	
2610 Simpson Avenue, Reno, NV 84557 (775) 516–9100 tinabrown@kmail.com	
Position Desired:	High school swimming team coach
Education:	Bachelor's degree in Sports Administration, University of North Carolina, 2017
Work Experience:	Head coach, Green Hope High School (2019 to present) Assistant coach, Panther Creek High School (2018-2019)
Qualifications:	Certification (Sports and Nutrition), 2016 Exceptional communication skills

PREPARATION TIME
00:00:45

PREPARATION TIME	RESPONSE TIME
00:00:03	00:00:15

PREPARATION TIME	RESPONSE TIME
00:00:03	00:00:15

PREPARATION TIME	RESPONSE TIME
00:00:03	00:00:30

Question 11: Express an opinion

Directions: In this part of the test, you will give your opinion about a specific topic. Be sure to say as much as you can in the time allowed. You will have 30 seconds to prepare. Then you will have 60 seconds to speak.

TOEIC Speaking

Volume

Question 11 of 11

What are the advantages of providing opportunities for university students to study in foreign countries?
Support your opinion with specific reasons and examples.

PREPARATION TIME	00:00:30
RESPONSE TIME	00:01:00

Actual Test 06

Actual Test 07

TOEIC Speaking

Volume

Speaking Test Directions

This is the TOEIC Speaking Test. This test includes 11 questions that measure different aspects of your speaking ability. The test lasts approximately 20 minutes.

Question	Task	Evaluation Criteria
1-2	Read a text aloud	• pronunciation • intonation and stress
3-4	Describe a picture	all of the above, plus • grammar • vocabulary • cohesion
5-7	Respond to questions	all of the above, plus • relevance of content • completeness of content
8-10	Respond to questions using information provided	all of the above
11	Express an opinion	all of the above

For each type of question, you will be given specific directions, including the time allowed for preparation and speaking.

It is to your advantage to say as much as you can in the time allowed. It is also important that you speak clearly and that you answer each question according to the directions.

Click on **Continue** to go on.

Questions 1-2: Read a text aloud

Directions: In this part of the test, you will read aloud the text on the screen. You will have 45 seconds to prepare. Then you will have 45 seconds to read the text aloud.

Thank you for shopping at Amish Market, the best grocery store in the area. Besides the wide selection, we offer the lowest prices around. Come check out our newly expanded deli section, where you can find all sorts of cheese, meats and sandwiches. Have a nice day.

PREPARATION TIME	00:00:45
RESPONSE TIME	00:00:45

Welcome to the instructional video for your new Jet Series Printer. First, verify that you have a power cord and a computer cable. After you plug in your cables, turn on your printer. On the printer's display panel, make sure you can see the primary setup, color settings and print options. Finally, download the printer software onto your hard drive.

PREPARATION TIME	00:00:45
RESPONSE TIME	00:00:45

Actual Test 07

Questions 3-4: Describe a picture

Directions: In this part of the test, you will describe the picture on your screen in as much detail as you can. You will have 45 seconds to prepare your response. Then you will have 30 seconds to speak about the picture.

PREPARATION TIME	00:00:45
RESPONSE TIME	00:00:30

PREPARATION TIME	00:00:45
RESPONSE TIME	00:00:30

Questions 5-7: Respond to questions

Directions: In this part of the test, you will answer three questions. You will have three seconds to prepare after you hear each question. You will have 15 seconds to respond to Questions 5 and 6, and 30 seconds to respond to Question 7.

Imagine that a US marketing firm is doing research about work preferences. You have agreed to participate in a telephone interview about working environment.

What do you do for a living? If you are a student, what is your major?

PREPARATION TIME	00:00:03
RESPONSE TIME	00:00:15

Do you think teamwork is very important to complete a project?

PREPARATION TIME	00:00:03
RESPONSE TIME	00:00:15

Would you prefer to work in an office with big windows or an office which has some partitions?

PREPARATION TIME	00:00:03
RESPONSE TIME	00:00:30

Actual Test 07

Questions 8-10: Respond to questions using information provided

Directions: In this part of the test, you will answer three questions based on the information provided. You will have 45 seconds to read the information before the questions begin. You will have three seconds to prepare after you hear each question. You will have 15 seconds to respond to Questions 8 and 9, and 30 seconds to respond to Question 10.

Strand Bookstore Book Release Schedule 8 A.M. – 9 P.M. daily			
Release date	**Name**	**Author**	**Genre**
Sept. 10	*Finding Alexei*	Jasmine Smith	Children
Sept. 12	*The Me I Meant to Be*	Sophie Jordan	Mystery
Sept. 16	*The One You Fight For*	Charlee Morris	Self-motivation
Sept. 20	*Wicked Knight*	Kinsley Butler	Mystery
Sept. 29	*A Place Without You*	Richie Richardson	Romance
Oct. 3	*Prisoner of Night*	Ness Peterson	Drama

PREPARATION TIME
00:00:45

PREPARATION TIME	RESPONSE TIME
00:00:03	00:00:15

PREPARATION TIME	RESPONSE TIME
00:00:03	00:00:15

PREPARATION TIME	RESPONSE TIME
00:00:03	00:00:30

Question 11: Express an opinion

Directions: In this part of the test, you will give your opinion about a specific topic. Be sure to say as much as you can in the time allowed. You will have 30 seconds to prepare. Then you will have 60 seconds to speak.

Before making an important decision, would you like to ask for advice from your friends? Why or why not?

Support your opinion with specific reasons and examples.

PREPARATION TIME	00:00:30
RESPONSE TIME	00:01:00

Actual Test 07

Actual Test 08

TOEIC Speaking

Volume 🔊

Speaking Test Directions

This is the TOEIC Speaking Test. This test includes 11 questions that measure different aspects of your speaking ability. The test lasts approximately 20 minutes.

Question	Task	Evaluation Criteria
1-2	Read a text aloud	• pronunciation • intonation and stress
3-4	Describe a picture	all of the above, plus • grammar • vocabulary • cohesion
5-7	Respond to questions	all of the above, plus • relevance of content • completeness of content
8-10	Respond to questions using information provided	all of the above
11	Express an opinion	all of the above

For each type of question, you will be given specific directions, including the time allowed for preparation and speaking.

It is to your advantage to say as much as you can in the time allowed. It is also important that you speak clearly and that you answer each question according to the directions.

Click on **Continue** to go on.

Questions 1-2: Read a text aloud

Directions: In this part of the test, you will read aloud the text on the screen. You will have 45 seconds to prepare. Then you will have 45 seconds to read the text aloud.

Thank you for attending Choice Hotel Employee Banquet. Tonight, we have a packed schedule. We will hear a keynote speech by Kimberley Swanson, the President, and then we will give out employee awards and watch a corporate video. It's time to start with the first session, so please be seated.

PREPARATION TIME	00:00:45
RESPONSE TIME	00:00:45

Welcome to today's episode of Housekeeping Tips. To keep your house neat and clean, you must periodically get rid of old and unused furniture. Did you know that the old furniture can be recycled? For example, your old tables, sofas and beds can all be recycled. Stay tuned for more details related to this topic.

PREPARATION TIME	00:00:45
RESPONSE TIME	00:00:45

Actual Test 08

Questions 3-4: Describe a picture

Directions: In this part of the test, you will describe the picture on your screen in as much detail as you can. You will have 45 seconds to prepare your response. Then you will have 30 seconds to speak about the picture.

PREPARATION TIME	00:00:45
RESPONSE TIME	00:00:30

PREPARATION TIME	00:00:45
RESPONSE TIME	00:00:30

Questions 5-7: Respond to questions

Directions: In this part of the test, you will answer three questions. You will have three seconds to prepare after you hear each question. You will have 15 seconds to respond to Questions 5 and 6, and 30 seconds to respond to Question 7.

Imagine that you are talking on the phone with your friend. Your friend is asking about a book club.

Where is the best place in your area to hold a book club meeting? Why?

PREPARATION TIME	00:00:03
RESPONSE TIME	00:00:15

How long would be appropriate for a book club to have a meeting? Why?

PREPARATION TIME	00:00:03
RESPONSE TIME	00:00:15

Do you think high school students should be encouraged to join a book club? Why or why not?

PREPARATION TIME	00:00:03
RESPONSE TIME	00:00:30

Actual Test 08

Questions 8-10: Respond to questions using information provided

Directions: In this part of the test, you will answer three questions based on the information provided. You will have 45 seconds to read the information before the questions begin. You will have three seconds to prepare after you hear each question. You will have 15 seconds to respond to Questions 8 and 9, and 30 seconds to respond to Question 10.

Sections Bookstore
Interview Schedule
March 23, Conference Room 105B

Time	Job applicant	Position	Current Workplace
9:00 – 9:30 A.M.	Cynthia Lopez	Cashier	Powell's City of Books
9:30 – 10:00 A.M.	Amy Anderson	~~Retail associate~~ *Canceled*	City Lights
10:00 – 10:30 A.M.	Gary Moore	Assistant cashier	Book People
10:30 – 11:00 A.M.	Christine Williams	Store Support team member	Skylight Books
1:00 – 1:30 P.M.	Jean Diaz	Retail associate	None
1:30 – 2:00 P.M.	Justin Perez	Assistant cashier	The Book Train

PREPARATION TIME
00:00:45

PREPARATION TIME	RESPONSE TIME
00:00:03	00:00:15

PREPARATION TIME	RESPONSE TIME
00:00:03	00:00:15

PREPARATION TIME	RESPONSE TIME
00:00:03	00:00:30

Question 11: Express an opinion

Directions: In this part of the test, you will give your opinion about a specific topic. Be sure to say as much as you can in the time allowed. You will have 30 seconds to prepare. Then you will have 60 seconds to speak.

When learning about a new hobby, do you like to learn it by reading a book or by taking a class with a professor? Why?

Support your opinion with specific reasons and examples.

PREPARATION TIME	00:00:30
RESPONSE TIME	00:01:00

Actual Test 08

Actual Test 09

TOEIC Speaking

Volume

Speaking Test Directions

This is the TOEIC Speaking Test. This test includes 11 questions that measure different aspects of your speaking ability. The test lasts approximately 20 minutes.

Question	Task	Evaluation Criteria
1-2	Read a text aloud	• pronunciation • intonation and stress
3-4	Describe a picture	all of the above, plus • grammar • vocabulary • cohesion
5-7	Respond to questions	all of the above, plus • relevance of content • completeness of content
8-10	Respond to questions using information provided	all of the above
11	Express an opinion	all of the above

For each type of question, you will be given specific directions, including the time allowed for preparation and speaking.

It is to your advantage to say as much as you can in the time allowed. It is also important that you speak clearly and that you answer each question according to the directions.

Click on **Continue** to go on.

Questions 1-2: Read a text aloud

Directions: In this part of the test, you will read aloud the text on the screen. You will have 45 seconds to prepare. Then you will have 45 seconds to read the text aloud.

To celebrate its 20th anniversary, our restaurant is offering free gifts for any customers who dine here. This event will be held from August 31st to September 5th. You can enjoy free desserts, such as cakes, ice cream or drinks. Our restaurant is located on First Street. For a pleasant dining experience with loved ones, come visit us!

PREPARATION TIME	00:00:45
RESPONSE TIME	00:00:45

Thank you for calling Smart Financial. Our firm has been serving the community with accounting, financial and investment services for over five decades. Unfortunately, the office is closed now. If you are interested in our services, please book a time with an associate. To book a time, please press one now and leave your name and phone number.

PREPARATION TIME	00:00:45
RESPONSE TIME	00:00:45

Actual Test 09

Questions 3-4: Describe a picture

Directions: In this part of the test, you will describe the picture on your screen in as much detail as you can. You will have 45 seconds to prepare your response. Then you will have 30 seconds to speak about the picture.

PREPARATION TIME	00:00:45
RESPONSE TIME	00:00:30

PREPARATION TIME	00:00:45

RESPONSE TIME	00:00:30

Questions 5-7: Respond to questions

Directions: In this part of the test, you will answer three questions. You will have three seconds to prepare after you hear each question. You will have 15 seconds to respond to Questions 5 and 6, and 30 seconds to respond to Question 7.

Imagine that a US marketing firm is doing research in your area. You have agreed to participate in a telephone interview about a souvenir shop.

When was the last time you bought a souvenir and where did you buy it?

PREPARATION TIME	00:00:03
RESPONSE TIME	00:00:15

Do you usually buy a souvenir for your friends or family when you are on a trip?

PREPARATION TIME	00:00:03
RESPONSE TIME	00:00:15

Which one would you be more likely to buy at a gift shop as a souvenir?
- Postcards
- Food products
- Artwork

PREPARATION TIME	00:00:03
RESPONSE TIME	00:00:30

Actual Test 09

Questions 8-10: Respond to questions using information provided

Directions: In this part of the test, you will answer three questions based on the information provided. You will have 45 seconds to read the information before the questions begin. You will have three seconds to prepare after you hear each question. You will have 15 seconds to respond to Questions 8 and 9, and 30 seconds to respond to Question 10.

Best Hawaiian Travel Package
Trip Itinerary
October 28th – 30th

Oct. 28	3:30 – 4:30 P.M.	Welcome and Introduction
	5:00 – 7:00 P.M.	Dinner: Beachside restaurant
	7:00 – 9:00 P.M.	Night activity: Hula Performance
Oct. 29	2:00 – 5:00 P.M.	Cruise tour: Famous Bay
	5:00 – 7:00 P.M.	Dinner: Royal Hawaiian restaurant
Oct. 30	10:00 – 11:30 A.M.	Shopping: Pearl City shopping center
	Noon – 1:30 P.M.	Lunch: Moena café
	6:00 – 8:00 P.M.	Cruise tour: Maui

PREPARATION TIME
00:00:45

PREPARATION TIME	RESPONSE TIME
00:00:03	00:00:15

PREPARATION TIME	RESPONSE TIME
00:00:03	00:00:15

PREPARATION TIME	RESPONSE TIME
00:00:03	00:00:30

Question 11: Express an opinion

Directions: In this part of the test, you will give your opinion about a specific topic. Be sure to say as much as you can in the time allowed. You will have 30 seconds to prepare. Then you will have 60 seconds to speak.

TOEIC Speaking

Volume

Question 11 of 11

When traveling a long distance, some people like to use public transportation. Others like to drive their own vehicles. Which do you prefer? Why?
Support your opinion with specific reasons and examples.

PREPARATION TIME	00:00:30

RESPONSE TIME	00:01:00

Actual Test 10

TOEIC Speaking

Volume

Speaking Test Directions

This is the TOEIC Speaking Test. This test includes 11 questions that measure different aspects of your speaking ability. The test lasts approximately 20 minutes.

Question	Task	Evaluation Criteria
1-2	Read a text aloud	• pronunciation • intonation and stress
3-4	Describe a picture	all of the above, plus • grammar • vocabulary • cohesion
5-7	Respond to questions	all of the above, plus • relevance of content • completeness of content
8-10	Respond to questions using information provided	all of the above
11	Express an opinion	all of the above

For each type of question, you will be given specific directions, including the time allowed for preparation and speaking.

It is to your advantage to say as much as you can in the time allowed. It is also important that you speak clearly and that you answer each question according to the directions.

Click on **Continue** to go on.

Questions 1-2: Read a text aloud

Directions: In this part of the test, you will read aloud the text on the screen. You will have 45 seconds to prepare. Then you will have 45 seconds to read the text aloud.

Are you interested in making progress in your career but have to work during the day? Then City College's new online courses are perfect for you! We are offering various programs for your bachelor's, master's, or doctoral degree. For more details on the available programs, please visit the college website or call and request a brochure.

PREPARATION TIME	00:00:45
RESPONSE TIME	00:00:45

You've reached Greenville Community Center. If you want to know more about scheduled events, upcoming outdoor activities or ongoing classes, please press 'one'. To reserve one of our event rooms, press 'two'. Or remain on the line to be connected to the associate.

PREPARATION TIME	00:00:45
RESPONSE TIME	00:00:45

Actual

Test 10

Questions 3-4: Describe a picture

Directions: In this part of the test, you will describe the picture on your screen in as much detail as you can. You will have 45 seconds to prepare your response. Then you will have 30 seconds to speak about the picture.

PREPARATION TIME	00:00:45
RESPONSE TIME	00:00:30

PREPARATION TIME	00:00:45

RESPONSE TIME	00:00:30

Questions 5-7: Respond to questions

Directions: In this part of the test, you will answer three questions. You will have three seconds to prepare after you hear each question. You will have 15 seconds to respond to Questions 5 and 6, and 30 seconds to respond to Question 7.

Imagine that you are talking on the phone with your friend. Your friend is asking you about donating money to organizations.

How often do you make a donation to organizations? What kind of organization do you most often make a donation to?

PREPARATION TIME	00:00:03
RESPONSE TIME	00:00:15

Which way would be a better way for organizations to advertise donation campaigns: TV advertisements or Internet advertisements? Why?

PREPARATION TIME	00:00:03
RESPONSE TIME	00:00:15

Which of the following organizations would you prefer to make donations to? Why?

- Art museums
- Health organizations
- Environmental organizations

PREPARATION TIME	00:00:03
RESPONSE TIME	00:00:30

Actual Test 10

Questions 8-10: Respond to questions using information provided

Directions: In this part of the test, you will answer three questions based on the information provided. You will have 45 seconds to read the information before the questions begin. You will have three seconds to prepare after you hear each question. You will have 15 seconds to respond to Questions 8 and 9, and 30 seconds to respond to Question 10.

Westwood Restaurant
300 Pine Street

Time	Date	Occasion	Note
7 – 9 P.M.	Feb. 5	Company dinner	Arrange tables in a circle
2 – 4 P.M.	Feb. 10	Birthday	
6 – 8 P.M.	Feb. 13	Jenny's retirement party	Outdoor events requested
12 – 2 P.M.	Feb. 17	Corporate luncheon	Prepare 15 vegetarian meals
5 – 7 P.M.	Feb. 20	Birthday	Set up a movie screen by 4 P.M.
10 A.M. – noon	Feb. 28	Corporate dinner	

PREPARATION TIME
00:00:45

PREPARATION TIME	RESPONSE TIME
00:00:03	00:00:15

PREPARATION TIME	RESPONSE TIME
00:00:03	00:00:15

PREPARATION TIME	RESPONSE TIME
00:00:03	00:00:30

Question 11: Express an opinion

Directions: In this part of the test, you will give your opinion about a specific topic. Be sure to say as much as you can in the time allowed. You will have 30 seconds to prepare. Then you will have 60 seconds to speak.

Do you think there should be a lot of vending machines at schools? Why or why not?

Support your opinion with specific reasons and examples.

PREPARATION TIME	00:00:30
RESPONSE TIME	00:01:00

Actual Test 10

MEMO

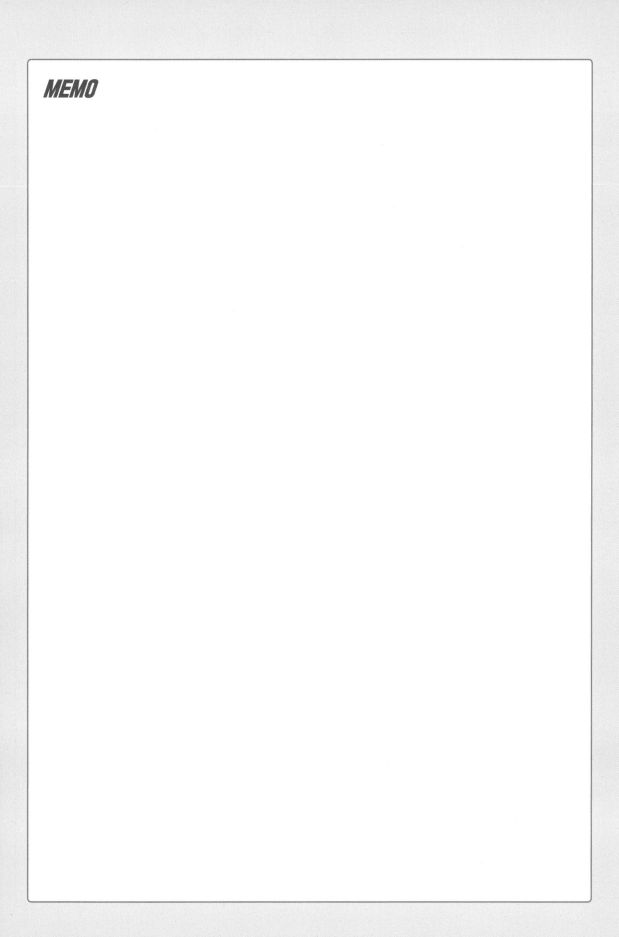

MEMO

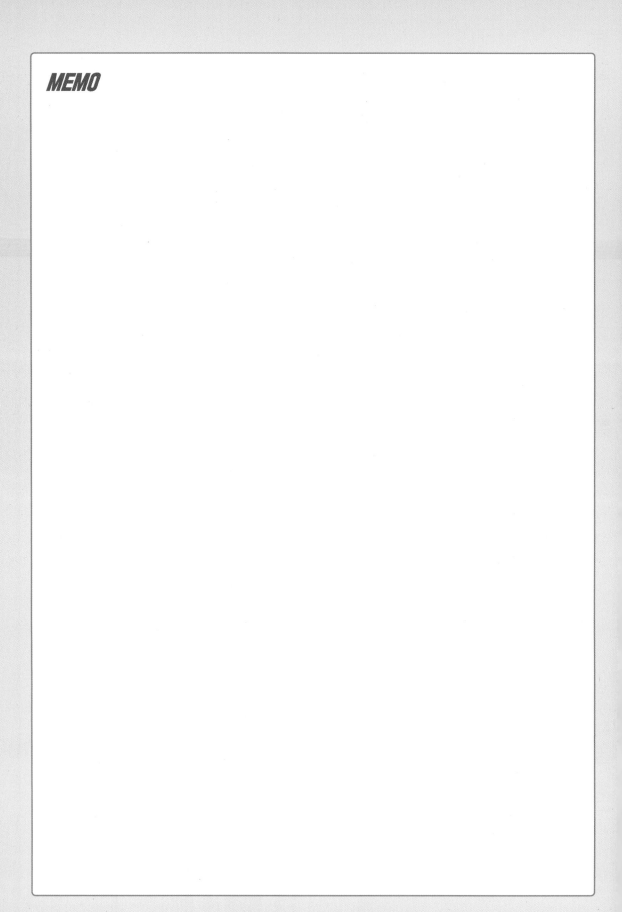

MEMO

2021
개정 시험
완벽 반영

파고다
토익스피킹

마리아 김 지음

실전 10회

LEVEL 7&8

정답 및 해설

PAGODA Books

파고다
토익스피킹

마리아 김 지음

실전 10회

LEVEL
7&8

정답 및 해설

PAGODA Books

Actual Test 01

Sample Answer

🎧 AT_01_Q1_A

Here is the local **ne**ws. ↘ // **Ce**ntral **Bu**s **Co**mpany re**vea**led a p**la**n / to **ope**rate / **all ce**nter / **ci**ty bus lines / as of next month. ↘ // According to the p**re**sident, ↗ / they will pro**vi**de **se**rvice / that is **fa**st, ↗ / **pu**nctual ↗ / and ef**fi**cient. ↘ // As **soo**n as the **co**mpany **ge**ts / the city's ap**pro**val, ↗ / **cha**nges will take p**la**ce / **pro**mptly. ↘ // They also an**nou**nced / that **cu**stomers might **see** / a modest in**cre**ase in **fee**s. ↘ //

지역 소식입니다. 센트럴 버스 회사는 다음 달부터 있을 모든 센터의 시내 버스 노선 운영 계획을 밝혔습니다. 대표의 말에 의하면, 회사는 빠르고, 시간을 엄수하며, 효율적인 서비스를 제공할 것이라고 합니다. 회사가 시 당국의 승인을 받는 대로, 변경 사항은 즉시 시행될 것입니다. 또한 고객들이 약간의 요금 인상을 겪을 수도 있다고 발표하였습니다.

> **어휘** reveal 공표하다, 드러내다 | punctual 시간을 지키는 | promptly 즉시, 딱 맞추어 | modest 별로 많지[크지] 않은

Sample Answer

🎧 AT_01_Q2_A

I am **ho**nored / to be your **gui**de / to**day**. ↘ // During the **tou**r of the G**rea**t P**ar**k, ↗ / you can **see** / a **wi**de selection of p**la**nts. ↘ // You are al**lo**wed / to **wa**lk around the **pa**rk / and **ta**ke p**ho**tos / in the **ga**rden. ↘ // P**lea**se remember / to re**mai**n on the t**rai**l, ↗ / **che**ck the **ti**me schedule / in the bro**chu**re ↗ / and do **no**t p**ic**k the **flo**wers. ↘ //

오늘 여러분의 가이드가 되어 영광입니다. 그레이트 공원을 견학하시는 동안, 여러분은 아주 다양한 종류의 식물을 보실 수 있을 겁니다. 여러분은 공원을 돌아다녀도 되고, 정원에서 사진을 찍어도 됩니다. 산책로 안에 있어 주시고, 안내 책자의 시간표를 확인해 주시고, 꽃은 꺾지 말아야 한다는 것을 명심해 주세요.

> **어휘** a wide selection of + 명사 아주 다양한 종류의 | be allowed to + 동사 ~하는 것이 허용되다 | pick the flowers 꽃을 꺾다

Q3

Sample Answer

AT_01_Q3_A

This is a picture of a meeting room.

There are some people in this picture.

In the middle, a man is giving a presentation. He is wearing glasses.

Next to him, a portable board is standing.

In the foreground of this picture, three people are sitting at a table. It seems like two of them on the left side are facing each other and having a talk.

On the table, I can see two laptops, some cups, office supplies and so on.

Overall, people look cheerful.

이것은 어느 한 회의실의 사진입니다.

사진에는 몇몇 사람들이 있습니다.

가운데에는 남자가 발표를 하고 있습니다. 그는 안경을 끼고 있습니다.

그의 옆에는, 휴대용 칠판이 세워져 있습니다.

사진의 전경에는, 세 사람이 테이블에 둘러 앉아 있습니다. 그들 중 왼쪽에 있는 두 명은 서로 마주 보며 대화를 나누고 있는 것 같습니다.

테이블 위에는, 두 대의 노트북과, 컵, 사무용품 등이 보입니다.

전반적으로, 사람들은 기분이 좋아 보입니다.

어휘 give a presentation 발표하다 | face each other 서로 마주보다 | and so on 기타 등등 | cheerful 기분이 좋은, 생기 있는

Sample Answer

🎧 AT_01_Q4_A

This is a picture of a waiting room.

There are a few people in this picture. All of them are sitting on chairs.

On the right side, a man with gray hair is reading a newspaper.

→ white hair라고 하지 않습니다.

On the left side, another man is holding a book and looking at something.

The two people on the back rows also appear to be reading. It seems like they are waiting for their appointments.

I guess this picture was taken in a doctor's office.

이것은 어느 한 대기실의 사진입니다.

사진에는 몇몇 사람들이 있습니다. 모두 다 의자에 앉아 있습니다.

오른쪽에는, 흰머리의 남자가 신문을 읽고 있습니다.

왼쪽에는, 다른 한 남자가 책을 쥐고 어딘가를 보고 있습니다.

뒤쪽의 두 사람도 무언가를 읽고 있는 것 같습니다. 그들은 예약을 기다리고 있는 것 같아 보입니다.

이 사진은 진료소에서 찍힌 것 같습니다.

어휘 gray hair 흰머리, 백발 (머리가 희끗희끗함)

Imagine that a marketing firm in the US is doing research in your area. You have agreed to participate in a telephone interview about advertisements on the Internet.

미국의 한 마케팅 회사가 당신의 지역에서 설문 조사를 실시한다고 가정해 보세요. 당신은 인터넷 광고에 관한 전화 인터뷰에 참여하기로 동의 했습니다.

Q5

How much time do you spend on the Internet each day? What purposes do you mostly use the Internet for?

매일 얼마나 많은 시간을 인터넷 사용하는 데 보내나요? 주로 어떠한 목적으로 인터넷을 사용하나요?

Sample Answer AT_01_Q5_A

I spend two hours on the Internet each day. I mostly use the Internet for looking up some information. I can save time and energy. It is very convenient. 이 책을 통해 정보를 찾는 것도 사용 가능합니다.

저는 매일 2시간을 인터넷 사용하는 데 보냅니다. 저는 주로 정보를 검색하기 위해 인터넷을 사용합니다. 시간과 에너지를 아낄 수 있습니다. 매우 편리합니다.

어휘 spend + 시간/돈 + on + 명사 ~에 시간/돈을 쓰다 | for ~를 (하기) 위해서 | look up information 정보를 찾아보다

Q6

Have you ever clicked on online advertisements? What kind of item were they advertising?

온라인 광고를 클릭해 본 적이 있나요? 어떤 종류의 물건을 업체에서 광고하고 있던가요?

Sample Answer AT_01_Q6_A

Yes, I have clicked on online advertisements. They were advertising some shoes. They looked very attractive.

네, 저는 온라인 광고를 클릭해본 적이 있습니다. 신발을 광고하고 있었습니다. 그것들은(신발이) 매우 멋있어 보였습니다.

Which of the following do you think would be the best to advertise on the Internet? Why?
- Smartphones
- Travel packages
- Furniture

다음 중 어느 것이 인터넷에서 광고하기에 가장 좋을 거라고 생각하나요? 왜 그런가요?
- 스마트폰
- 여행 패키지
- 가구

Sample Answer

🎧 AT_01_Q7_A

I think smartphones would be the best to advertise on the Internet.
The biggest reason is that people nowadays use smartphones in multiple ways. They can learn a lot of new skills and look up some information. It is very convenient. In addition, many people prefer to use the newest model. It has great features.
So, I think smartphones would be the best.

저는 스마트폰이 인터넷에서 광고하기에 가장 좋을 것 같다고 생각합니다.
가장 큰 이유로 사람들이 요즘은 스마트폰을 다양한 방법으로 사용하기 때문입니다. 그들은 많은 새로운 기술을 배울 수도 있고, 정보를 검색할 수도 있습니다. 이것은 매우 편리합니다. 게다가, 많은 사람들은 최신 모델을 사용하는 것을 선호합니다. 그것에는 좋은 기능들이 있습니다.
그래서, 저는 스마트폰이 가장 좋을 것 같다고 생각합니다.

어휘 would ~일 것 같다 | in multiple ways 다양한 방식으로

TIP
단기간에 토익 스피킹 성적을 내기 위해서는, 앞서 단원별 정리에서의 어휘나 주제별 콤보 문장을 미리 암기해두고 실전 시험장에서 그대로 활용하면서 약간의 덧붙임 문장을 쓰는 것이 좋습니다.

Customer Service Conference
Creek Convention Center, Denver
Fri., Nov. 28th

Time	Agenda	Speaker
10:00 – 11:00 A.M.	Lecture: Smart Customer Service	Nicholas Martin
11:00 – 11:30 A.M.	Presentation: Modern Customer Experience	Liz Evans
11:30 A.M. – noon	Video: Customer Service Strategies	Elle Kelley
Noon – 1:00 P.M.	Lunch	
1:00 – 3:00 P.M.	Discussion: Using Social Media	Liz Evans
3:00 – 4:00 P.M.	Question and Answer Session	Melissa Sanchez

고객 서비스 콘퍼런스
덴버 크리크 컨벤션 센터
11월 28일 금요일

시간	안건	발표자
오전 10:00 – 11:00	강의: 현명한 고객 서비스	니콜라스 마틴
오전 11:00 – 11:30	발표: 현대의 고객 경험	리즈 에반스
오전 11:30 – 낮 12시	영상: 고객 서비스 전략	엘리 켈리
낮 12시 – 오후 1:00	점심	
오후 1:00 – 3:00	토론: 소셜 미디어 사용하기	리즈 에반스
오후 3:00 – 4:00	질의 응답 시간	멜리사 산체스

Narration

Hi, I am planning to attend the conference on customer service. I think I misplaced the schedule. Could you please answer some of my questions?

안녕하세요, 저는 고객 서비스 관련 콘퍼런스에 참여할 예정입니다. 제 생각에 제가 일정표를 잃어버린 것 같아요. 혹시 몇 가지 저의 질문에 답변을 해 주실 수 있나요?

Q8

What date will the conference be held, and what time does it start?

콘퍼런스는 어느 날짜에 개최되고, 언제 시작하나요?

Sample Answer

🎧 AT_01_Q8_A

The conference will be held on Friday, November twenty-eighth. It will start at 10 A.M.

콘퍼런스는 11월 28일 금요일에 개최될 예정입니다. 오전 10시에 시작될 겁니다.

어휘 be held 열리다, 개최되다

정답 및 해설 **7**

Last year, the conference finished by 2 P.M. Will it be the same this year?

작년에, 콘퍼런스는 오후 2시쯤에는 끝났어요. 올해도 같을까요?

Sample Answer 🎧 AT_01_Q9_A

No, actually not. This year, the conference will end at 4 P.M.

아니요, 그렇지 않습니다. 올해에는, 콘퍼런스를 오후 4시에 마칠 예정입니다.

어휘 be the same 같다, 달라지지 않다 | this year 올해에는

My colleague Liz Evans will be leading some of the sessions. Could you please tell me all the details about the sessions she will be leading?

저의 동료인 리즈 에반스 씨는 몇 가지 순서들을 진행할 예정입니다. 그녀가 진행할 순서에 대한 모든 세부 사항을 말씀해 주실 수 있나요?

Sample Answer 🎧 AT_01_Q10_A

Sure, there are two sessions being led by Liz Evans. First, from 11 to 11:30 A.M. there will be a presentation on modern customer experience. Next, from 1 to 3 P.M. there will be a discussion about using social media.

물론이죠. 리즈 에반스 씨에게 두 가지 순서가 예정되어 있습니다. 우선, 오전 11시부터 11시 30분까지, 현대의 고객 경험에 관한 발표가 있을 예정입니다. 그 다음으로, 오후 1시부터 3시까지, 소셜 미디어 사용에 관한 토론이 있을 예정입니다.

어휘 scheduled 예정된, 일정 잡힌 | on[about] ~에 관한

Q11

Do you agree or disagree with the following statement?
To be successful in the workplace, an employee should work independently.
Give specific reasons and examples to support your opinion.

다음의 주장에 동의하십니까, 반대하십니까?
'직장에서 성공하기 위해서는, 직원은 독립적으로 일해야 합니다.'
구체적인 이유와 예시를 들어 본인의 의견을 뒷받침해 보세요.

목표 Lev.5-6 목표 점수가 레벨 5-6인 경우, 많은 분량을 더듬으면서 얘기하기보다는 주제와 관련성 있는 영어 문장 몇 개를 명확하게 전달하는 것이 좋습니다. 단기간 목표 점수 달성을 위한 수험자라면, 파트 5 직장 생활 답변 부분(P.65)을 시험 전에 완전히 숙지하여 무리 없이 소화해 낼 수 있도록 연습합니다.

Sample Answer　　　　　　　　　　🎧 AT_01_Q11_A1

I disagree that to be successful in the work, an employee should work independently.
I have some reasons to support this. To be successful at work, teamwork is the most important thing. Great teamwork can motivate people to work hard. Employees can get over difficult problems.
Therefore, I disagree that to be successful in the work, an employee should work independently.

저는 직원이 직장에서 성공하기 위해서는 독립적으로 일해야 한다는 것에 반대합니다.
이것을 뒷받침하는 이유가 있습니다. 직장에서 성공하기 위해서는, 팀워크가 가장 중요합니다. 훌륭한 팀워크는 사람들이 열심히 일하도록 동기를 부여할 수 있습니다. 직원들은 어려운 문제를 극복할 수 있습니다.
그러므로, 저는 직원이 직장에서 성공하기 위해서는 독립적으로 일해야 한다는 것에 반대합니다.

어휘 independently 독립적으로 | motivate 동기를 부여하다 | get over 극복하다

목표 Lev.7-8 효과적인 말하기는 바로 자신의 예시를 드는 것입니다. 즉석에서 떠올리기 힘들 수 있으므로, 협동심과 관련된 본인의 경험담을 미리 정리해 가는 것이 좋습니다. 그리고 시험장에서 이를 실제 친구와 대화하듯 자연스러운 억양으로 스토리텔링을 하는 것이 좋습니다. 이때 회화 표현에서 많이 쓰는 구어체 표현을 잘 활용할수록 좋습니다.

Sample Answer　　　　　　　　　　🎧 AT_01_Q11_A2

I disagree that to be successful in the work, an employee should work independently.
I have some reasons and an example to support this. To be successful in the work, teamwork is the most important thing. Great teamwork can motivate people to work hard.
For example, I worked as a part-timer at a café 5 years ago. Back then, I was inexperienced. However, I received a training manual, and a manager gave me a step-by-step demonstration. One day, I forgot how to make a customer's order. The manager didn't point the finger at me, and he even encouraged me. I was so impressed, and I worked harder.
Therefore, I disagree with this.

저는 직원이 직장에서 성공하기 위해서는 독립적으로 일해야 한다는 것에 반대합니다.
이것을 뒷받침하는 이유와 예시가 있습니다. 직장에서 성공하기 위해서는, 팀워크가 가장 중요합니다. 훌륭한 팀워크는 사람들이 열심히 일하도록 동기를 부여할 수 있습니다.
예를 들어, 저는 5년 전에 카페에서 아르바이트를 한 적이 있습니다. 그 당시에, 저는 경험이 없었습니다. 하지만, 교육 안내를 받았고, 매니저님께서는 하나씩 차근차근 시범을 보여주셨습니다. 하루는, 고객이 주문한 것을 만드는 방법을 잊어버렸습니다. 매니저님께서는 저를 비난하지 않았고, 오히려 격려해 주셨습니다. 저는 매우 감동받았고, 더 열심히 일했습니다.
그러므로, 저는 이것에 반대합니다.

어휘 back then (주로 과거를 회상할 때) 그 당시에 | inexperienced 경험이 없는, 미숙한 | step-by-step 하나씩 차근차근 | demonstration 시범 | point the[a] finger at someone(= blame someone) ~를 비난하다 | impressed 감동을 받은

Actual Test 02

In local **ne**ws, ↗ / the **ma**yor **ga**ve a **spee**ch / on the **re**de**ve**lopment project of the **do**wn**to**wn area. ↘ // He **sa**id / that the **ci**ty will re**lo**cate the **hi**ghway, ↗ / ex**pa**nd the **pa**rk ↗ / and **bu**ild some new **bu**s stops. ↘ // The current fa**ci**lity is **ou**tdated, / so it's **ti**me to im**pro**ve social con**di**tions. ↘ // A lot of **bu**siness owners / in the **ci**ty / will take ad**va**ntage of this pro**je**ct. ↘ //

지역 소식으로, 시장은 시내 지역의 재개발 프로젝트와 관련한 연설을 하였습니다. 그가 말하기를, 시 당국은 고속도로를 재배치할 것이고, 공원을 확장할 것이고, 새로운 버스 정류장을 설치할 것이라고 했습니다. 현재 시설들은 오래되어, 생활 여건을 향상시킬 때가 된 것입니다. 도시 내 많은 사업주들이 이 프로젝트의 혜택을 볼 것입니다.

어휘 relocate 재배치시키다 | expand 확장하다 | outdated 오래된 | social conditions 생활 여건, 조건

Good **afternoo**n. ↘ // It's a great **ple**asure / to be your **gui**de to**da**y / at **Cha**rd **Fa**rm **Wi**nery. ↘ // I will **sh**ow you around the vineyard / and then we will ex**plo**re the **wi**ne cellar. ↘ // At the **co**rner of the **wi**ne cellar, ↗ / there is a **gi**ft shop. ↘ // We **ca**rry **all** sorts of **wi**ne, ↗ / beautiful **gla**ssware ↗ // and various **wi**ne furniture. ↘ //

상점에서 어떤 물건을 판매하다

안녕하세요. 오늘 차드 농장의 와인 양조장에서 여러분의 가이드가 되어 매우 기쁩니다. 저는 여러분에게 포도밭을 보여드리고 나서 와인 저장고를 같이 둘러볼 계획입니다. 와인 저장고의 모퉁이에는, 선물 가게가 있습니다. 저희는 모든 종류의 와인, 아름다운 유리잔과 다양한 와인 관련 가구를 판매하고 있습니다.

어휘 winery 포도주[와인] 양조장 | vineyard 포도밭 | wine cellar 와인 저장고 | carry (상점에서 어떤 물건을) 취급하다, 판매하다

Sample Answer

🎧 AT_02_Q3_A

This is a picture of an office.

There are three people in this picture.

One man on the left side is wearing a white jacket. He is picking up a mobile phone from the table.

The others are looking at each other and having a talk. The man is drinking something.

On the table a laptop, some paper and many other items are scattered.

In the background of this picture, some books are arranged on the shelves.

Overall, it seems like they are taking a break at work.

이것은 어느 한 사무실 사진입니다.

사진에 세 사람이 있습니다.

왼쪽에 있는 한 남자는 하얀 재킷을 입고 있습니다.

그는 테이블 위의 휴대폰을 집어 들고 있습니다.

나머지 사람들은 서로 바라보며 대화를 나누고 있습니다. 남자는 무언가를 마시고 있습니다.

테이블 위에, 노트북, 종이들과 다른 여러 가지 물건들이 흩어져 있습니다.

사진의 배경에는, 책들이 선반에 정리되어 있습니다.

전반적으로, 그들은 직장에서 쉬는 시간을 갖고 있는 것으로 보입니다.

어휘 be scattered 뿔뿔이 흩어지다

Sample Answer

🎧 AT_02_Q4_A

This is a picture of a street.

There are four people in this picture. All of them are in formal suits and crossing a street.

The man on the left side is wearing glasses and talking on the phone. Behind him, a woman is holding a take-away coffee cup.

In the background, some cars are moving on the road. Also, there are many trees planted and the weather looks nice.

Overall, it looks like a busy weekday morning when people are going to work.

이것은 어느 한 길거리의 사진입니다.

사진에는 네 사람이 있습니다. 모두 정장 차림이고 길을 건너고 있습니다.

왼쪽에 있는 남자는 안경을 착용하였고 전화 통화 중입니다. 그의 뒤로는, 한 여자가 테이크아웃용 커피 컵을 들고 있습니다.

배경에는, 자동차들이 도로 위를 달리고 있습니다. 또한, 많은 나무들이 심어져 있고 날씨는 좋아 보입니다.

전반적으로, 사람들이 출근을 하는 바쁜 주중 아침인 것 같습니다.

Imagine that a Canadian marketing firm is doing research in your country. You have agreed to participate in a telephone interview about buying athletic clothes.

캐나다의 한 마케팅 회사가 당신의 나라에서 설문 조사를 한다고 가정해 보세요. 당신은 운동복 구매에 관한 전화 인터뷰에 응하기로 동의하였습니다.

Q5

How often do you buy athletic clothes? What was the last item you bought?

얼마나 자주 운동복을 구매하나요? 가장 최근에 산 물건은 어떤 것이었나요?

Sample Answer

🎧 AT_02_Q5_A

I buy athletic clothes from time to time. The last item I bought was a T-shirt.

저는 때때로 운동복을 구매합니다. 가장 최근에 산 물건은 티셔츠입니다.

어휘 from time to time 때때로 | last 최근의, 마지막의

Q6

How far is the nearest athletic clothing store from your house, and do you think it is easy to access?

집에서 가장 가까운 운동복 매장은 얼마나 멀리에 있고, 그곳까지 가기 쉽다고 생각하나요?

Sample Answer

🎧 AT_02_Q6_A

It takes about 10 minutes by bus to get to the nearest athletic clothing store from my house. I think it is easy to access. I can save time.
↪ 목적지까지 이동하는 데 있어서 교통편이 편리하거나 가까운 것을 의미합니다.

저희 집에서 가장 가까운 운동복 매장까지 가는 데 버스로 10분 정도 걸립니다. 저는 그곳까지 가기 쉽다고 생각합니다. 시간을 절약할 수 있습니다.

어휘 easy to access 가기 쉬운, 접근이 용이한

When buying athletic clothing, do you think it is better to buy it online or at a physical store? Why?

운동복을 구매할 때, 당신은 온라인으로 구매하는 것이 더 낫다고 생각하나요? 아니면 실재하는 매장에서 구매하는 것이 더 낫다고 생각하나요? 왜 그런가요?

Sample Answer 온라인 구매 선호　　　　　　🎧 AT_02_Q7_A1

When buying athletic clothing, I think it is better to buy it online.
The most important reason is that I can save time and energy. In addition, I can browse many kinds of items at once. With just a few clicks, I can place an order easily.
Therefore, I think it is better to buy it online.

운동복을 구매할 때, 저는 온라인으로 구매하는 것이 더 낫다고 생각합니다.
가장 중요한 이유는 시간과 에너지를 아낄 수 있기 때문입니다. 게다가, 저는 많은 물품들을 한꺼번에 둘러볼 수 있습니다. 단지 몇 번의 클릭만으로, 쉽게 주문할 수 있습니다.
그러므로, 온라인으로 물건을 구매하는 것이 더 낫다고 생각합니다.

> **어휘** most importantly 가장 중요한 것은 | be better to + 동사 ~하는 것이 더 낫다 | browse 둘러보다, 구경하다 | place an order 주문하다

Sample Answer 실재 매장 구매 선호　　　　　　🎧 AT_02_Q7_A2

When buying athletic clothing, I think it is better to buy it at a physical store.
First, I can check out items with my own eyes. I can ensure the quality. Next, there is no need to wait for delivery service. I can wear the item immediately.
So, I think it is better to buy it at a physical store.

운동복을 구매할 때, 저는 실재하는 매장에서 구매하는 것이 더 낫다고 생각합니다.
우선, 저는 물건들을 직접 제 눈으로 볼 수 있습니다. 품질을 확인할 수 있습니다. 다음으로, 배송 서비스를 기다리지 않아도 됩니다. 상품을 바로 착용할 수 있습니다.
그러므로, 실재하는 매장에서 사는 것이 더 낫다고 생각합니다.

> **어휘** physical store 실재하는 매장 (= real store, local store) | with my own eyes 직접, 내 두 눈으로 | there is no need to + 동사 ~하지 않아도 된다, ~할 필요가 없다 | immediately 바로, 즉시

Quarterly Performance Report
Staff Meeting, Wells Fargo Bank
April 7th, Wellington Center, Meeting Room 5B

Time	Agenda	Speaker
9:00 – 9:20 A.M.	Refreshments (provided in the cafeteria)	
9:20 – 10:00 A.M.	Recent Contracts • purchase contracts • financing strategy	Adrian Gold, Finance Department
10:00 – 10:30 A.M.	Customer Feedback Report • overall customer satisfaction • service plan for the next year	Owen Cooper, Client Support Team
10:30 – 11:00 A.M.	Discussion: Improving Communication Skills	Paul Connate

분기별 실적 보고
웰스 파고 은행의 직원 회의
4월 7일, 웰링턴 센터의 회의실 5B

시간	안건	발표자
오전 9:00 – 9:20	다과 (구내식당에서 제공됨)	
오전 9:20 – 10:00	최근 계약 건 • 구매 계약 • 자금 조달 전략	재무과 에이드리언 골드
오전 10:00 – 10:30	고객 피드백 보고 • 전반적인 고객 만족도 • 내년 서비스 계획	고객 지원팀 오언 쿠퍼
오전 10:30 – 11:00	토론: 의사소통 실력 향상시키기	폴 카네이트

Narration

Hi, I am scheduled to attend the staff meeting later this week. I had the email with the meeting agenda in my inbox, but I might have deleted it by accident. Can I ask you a few questions regarding the meeting?

안녕하세요, 저는 이번 주 후반에 직원 회의에 참석할 예정입니다. 제 이메일 보관함에 회의 안건 목록을 저장해 두었는데, 실수로 지워버린 것 같습니다. 회의와 관련하여 몇 가지 질문을 드려도 될까요?

Q8

Where is the meeting being held? What date is it on?

회의는 어디에서 열리나요? 어떤 날짜에 하나요?

Sample Answer 🎧 AT_02_Q8_A

The meeting will be held in <u>Meeting Room 5B of Wellington Center</u> on April seventh.

회의는 웰링턴 센터의 회의실 5B에서 4월 7일에 열릴 예정입니다.

↳ 영어는 장소 표현 시 공간이 더 작은 단위를 먼저 언급합니다.

어휘 be held 열리다, 개최되다

I don't think I can arrive at the meeting until 9 A.M. If I arrive at 9:20 A.M. what items will I be missing?

제가 오전 9시까지 회의에 도착을 못할 것 같아요. 만약 제가 오전 9시 20분에 도착한다면, 어떠한 항목을 놓치게 될까요?

Sample Answer

🎧 AT_02_Q9_A

No worries. The meeting will start at 9:20 A.M. Before that, we will have some refreshments.

걱정 마세요. 회의는 오전 9시 20분에 시작될 예정입니다. 그 전에, 우리는 약간의 다과를 즐길 것입니다.

TIP

회의 시작 전의 등록하는 시간이나 다과를 먹는 것은 본격적인 회의가 시작되었다고 보기 어렵습니다. 질문자가 회의 안건에서 놓치는 게 있냐고 물어보고 있으므로 그렇지 않다고 대답하면 됩니다.

I'd like to know more about the customer feedback report. Can you tell me about it in detail?

고객 피드백 보고에 대해서 더 알고 싶습니다. 그것에 관해 자세히 알려 주실 수 있나요?

Sample Answer

🎧 AT_02_Q10_A

Sure. From 10 to 10:30 A.M. there will be a session on the customer feedback report by Owen Cooper from the client support team. He will talk about overall customer satisfaction and a service plan for the next year.

물론이죠. 오전 10시부터 10시 30분까지 고객 지원팀 소속의 오언 쿠퍼 씨에 의한 고객 피드백 보고 관련 순서가 있을 예정입니다. 그는 전반적인 고객 만족도와 내년 서비스 계획에 대해 이야기할 것입니다.

어휘 session 세션 (순서), 회의 | by ~에 의한

When learning a new skill, would you like to learn it from your coworker in person or by taking an online course? Why?
Support your opinion with specific reasons and examples.

새로운 기술을 배울 때, 당신은 동료로부터 직접 배우는 것이 좋습니까, 아니면 온라인 수업을 수강해서 배우는 것이 좋습니까? 왜 그런가요?
구체적인 이유와 예시를 들어 본인의 의견을 뒷받침해 보세요.

목표 Lev.5-6 동료라는 단어를 보고 협동심을 떠올려 직장 생활 답변을 활용하여 답변할 수 있습니다. 온라인 수업을 선호한다면 인터넷 사용 답변을 활용하면 됩니다.

Sample Answer 🎧 AT_02_Q11_A1

When learning a new skill, I would like to learn it from my coworker in person.
I have some reasons to support this. To learn a new skill at work, teamwork is the most important thing. Great teamwork can motivate me to work hard. I can get over difficult problems.
So, when learning a new skill, I would like to learn it from my coworker in person.

새로운 기술을 배울 때, 저는 동료로부터 직접 배우고 싶습니다.
이것을 뒷받침할 이유가 있습니다. 직장에서 새로운 기술을 배우기 위해서는, 팀워크가 가장 중요합니다. 훌륭한 팀워크는 제가 열심히 일하도록 동기를 부여할 수 있습니다. 저는 어려운 문제도 극복할 수 있습니다.
그러므로, 새로운 기술을 배울 때, 동료로부터 직접 배우고 싶습니다.

어휘 motivate 동기를 부여하다

목표 Lev.7-8 일부러 Actual Test 1회와 비슷한 뉘앙스의 문제를 나열하였습니다. 실력이 좋은 분들도 주어진 30초 안에 새로운 문제에 대한 예시를 바로 떠올리기는 힘듭니다. 잘 쓰이는 몇 가지 예시들을 스토리텔링 답변 방식으로 확실하게 준비하도록 합니다.

Sample Answer 🎧 AT_02_Q11_A2

When learning a new skill, I would like to learn it from my coworker in person.
I have some reasons and an example to support this. To learn a new skill at work, teamwork is the most important thing. Great teamwork can motivate me to work hard. For example, I worked as a part-timer at a café 5 years ago. Back then, I was inexperienced. However, I received a training manual, and a manager gave me a step-by-step demonstration. One day, I forgot how to make a customer's order. The manager didn't point the finger at me, and he even encouraged me. I was so impressed, and I worked harder.
Therefore, learning it from my coworker in person is better.

새로운 기술을 배울 때, 저는 동료로부터 직접 배우고 싶습니다.
이것을 뒷받침할 이유와 예시가 있습니다. 직장에서 새로운 기술을 배우기 위해서는, 팀워크가 가장 중요합니다. 훌륭한 팀워크는 제가 열심히 일하도록 동기를 부여할 수 있습니다.
예를 들어, 저는 5년 전에 카페에서 아르바이트로 일을 한 적이 있습니다. 그 당시에, 저는 경험이 없었습니다. 하지만, 교육 안내를 받았고, 매니저님께서는 하나씩 차근차근 시범을 보여주셨습니다. 하루는, 고객이 주문한 것을 만드는 방법을 잊어버렸습니다. 매니저님께서는 저를 비난하지 않았고, 오히려 격려해 주셨습니다. 저는 매우 감동받았고, 더 열심히 일했습니다.
그러므로, 동료로부터 직접 배우는 것이 더 좋습니다.

어휘 back then (주로 과거를 회상할 때) 그 당시에 | inexperienced 경험이 없는, 미숙한 | step-by-step 하나씩, 차근차근 | demonstration 시범 | point the[a] finger at someone(= blame someone) ~를 비난하다 | impressed 감동을 받은

Actual Test 03

Sample Answer 🎧 AT_03_Q1_A

Are you **loo**king for something **in**teresting / to **do** / this weekend? ↗ // If **so,** ↗ / then you can **sto**p by / the **Na**tional **Ar**t **Ga**llery / this **Sa**turday. ↘ // We are holding the annual **art** fair. ↘ // There will be an interactive ex**hi**bit, ↗ / **cra**fts ↗ / and a **cha**rity art auction. ↘ // We are **o**pen from **9** A.M. to **6** P.M. ↗ / so **plea**se feel free to **sto**p by / at your con**ve**nience. ↘ //

이번 주말에 뭔가 재미있는 걸 찾고 계신가요? 그렇다면, 이번 주 토요일 국립 미술관에 들려주세요. 저희는 매년 예술 박람회를 개최하고 있습니다. 상호작용하는 전시물, 수공예품 그리고 자선 예술품 경매까지 있을 예정입니다. 저희의 개관 시간은 오전 9시부터 저녁 6시까지이므로, 자유롭게 편하신 시간에 들러 주세요.

Sample Answer 🎧 AT_03_Q2_A

Our next **gu**est / on the To**ni**ght **Sho**w / is Ms. Margaret **Lam**bert, ↗ / the famous di**rec**tor. ↘ // She will be **ta**lking about her long ca**reer,** ↗ / **vo**lun**tee**r work / and her upcoming **fi**lm. ↘ // At the **en**d of **sho**w, ↗ / we will be ac**cep**ting **qu**estions / from the **li**steners. ↘ // You can **lea**ve us a **me**ssage / on the **we**bsite. ↘ //

〈투나잇 쇼〉에서 모실 다음 손님은 유명한 감독인 마거릿 람베르트 여사입니다. 그녀는 자신의 오랜 경력, 자원 봉사 활동 그리고 곧 개봉할 영화에 대해 이야기할 것입니다. 쇼가 끝날 때쯤이면, 저희는 청취자분들로부터 질문을 받도록 하겠습니다. 웹 사이트에 메시지를 남겨 주세요.

↗ 발음주의   ↗ 발음주의
어휘 career [kəríə] /커뤼어-/ 경력, 업적 | film [fɪlm] /피-음/ 영화

Sample Answer

🎧 AT_03_Q3_A

This is a picture of a library.

There are some students in this picture. All of them are sitting around a table and studying. Two of them on the left side are looking at the same monitor. The woman has blond hair and is using a laptop. Next to them, there is a couple. They are staring at the same page of the book.

On the table, some books are piled up.

In the background of this picture, many books are arranged on the shelves.

Overall, the students in this picture seem to be hard-working.

이것은 어느 한 도서관 사진입니다.

사진에는 몇몇 학생들이 있습니다. 모두 테이블에 둘러 앉아서 공부를 하고 있습니다. 그중 왼쪽에 있는 두 명은 같은 모니터를 응시하고 있습니다. 여자는 금발 머리이고 노트북을 사용하고 있습니다.

그들 옆에, 한 커플이 있습니다. 그들은 책의 같은 페이지를 응시하고 있습니다.

테이블 위에는, 책들이 쌓여 있습니다.

사진의 배경에는, 많은 책들이 선반에 정리되어 있습니다.

전반적으로, 사진 속 학생들은 열심히 공부하는 것처럼 보입니다.

어휘 stare at ~를 응시하다 | be piled up ~가 쌓이다

Sample Answer

AT_03_Q4_A

This is a picture of a restaurant.

There are some people in this picture.

On the left side, I can see a server. He is wearing a uniform and taking an order. He is writing the order on a notepad.

On the right side, there is a couple. The man has a beard, and he is reading a menu.

On the table, there are some wine and water glasses.

In the background, I can see some big windows.

The man looks happy to be there, and it seems like a nice restaurant.

이것은 한 식당의 사진입니다.

사진에는 몇몇 사람들이 있습니다.

왼쪽에는, 종업원이 보입니다. 그는 유니폼을 입고 있고 주문을 받고 있습니다. 그는 노트패드에 주문을 받아 적고 있습니다.

오른쪽에는, 한 커플이 있습니다. 남자는 턱수염이 있고, 메뉴를 읽고 있습니다.

테이블 위에는, 와인 잔과 물 잔이 있습니다.

배경에는, 큰 창문이 보입니다.

남자는 저곳에 있어서 기분이 매우 좋아 보이고, 꽤 괜찮은 식당 같아 보입니다.

Imagine that your town council is conducting research. You have agreed to participate in a telephone interview about tourism in your area.

당신의 마을 의회에서 설문 조사를 실시한다고 가정해 보세요. 당신은 당신 지역의 관광에 관한 전화 인터뷰에 참여하기로 동의하였습니다.

Q5

How long <u>have you lived</u> in your area? Do you know your area well?

당신의 거주 지역에 얼마나 오랫동안 살고 있나요? 그 지역에 대해 잘 아나요?

Sample Answer
🎧 AT_03_Q5_A

I <u>have lived</u> in my area for 10 years. I know my area very well. I am very familiar with this area.

현재 완료 시제 질문에는 똑같이 현재 완료 시제로 답변합니다.

저는 10년째 이 지역에 살고 있습니다. 저는 이 지역을 아주 잘 압니다. 이 지역에 매우 익숙합니다.

Q6

If a tourist asked you for a dining recommendation in the area, which restaurant would you recommend? Why?

만약에 관광객이 당신에게 그 지역의 식당을 추천해달라고 한다면, 어떤 식당을 추천할 건가요? 왜 그런가요?

Sample Answer
🎧 AT_03_Q6_A

If a tourist asked me for a dining recommendation in the area, I would recommend a cold noodles restaurant. The food is very special and tasty.

만약에 관광객이 제게 이 지역의 식당을 추천해달라고 한다면, 냉면 가게를 추천할 것입니다. 그 음식은 정말 특별하고 맛있습니다.

어휘 ask someone for a recommendation ~에게 추천을 구하다 | tasty 맛있는

Which of the following features of your area do you think is most likely to attract tourists? Why?
- Historical landmarks
- Outdoor activities
- Art and culture

다음 중 당신 지역의 어떤 특징이 관광객을 끌어 모을 가능성이 가장 높을 것 같은가요? 왜 그런가요?
- 역사적인 장소
- 야외 활동
- 예술과 문화

Sample Answer

🎧 AT_03_Q7_A

I think outdoor activities are most likely to attract tourists.
Our city is well known for beautiful beaches. There are many activities people can enjoy at the beaches. People can make a good memory with their loved ones.
So, I think outdoor activities are most likely to attract tourists.

저는 야외 활동이 관광객을 끌어 모을 가능성이 가장 높다고 생각합니다.
우리 도시는 아름다운 해변으로 잘 알려져 있습니다. 사람들이 해변에서 즐길 수 있는 많은 활동들이 있습니다. 사람들은 사랑하는 사람들과 좋은 추억을 만들 수 있습니다.
그러므로, 저는 야외 활동이 관광객을 끌어 모을 가능성이 가장 높다고 생각합니다.

어휘 be most likely to + 동사 ~할 가능성이 가장 높다 | well known for ~으로 잘 알려진 | make a good memory 좋은 추억을 만들다

Greenville Community Center
Study Skills Course Schedule
July 2nd – August 12th
Fee: $70 (per course)

Date	Course	Time	Instructor
July 2	Note Taking Skills	7:00 – 8:30 A.M.	Frances Brown
July 10	Academic Writing	6:30 – 8:00 P.M.	Rachel Williams
July 16	Strategies for Active Learning	3:00 – 4:30 P.M.	Martha Miler
July 25	~~Homework Planning~~ *Canceled*	2:30 – 4:00 P.M.	Marc Patton
August 3	Memory and Test Preparation	9:30 – 11:00 A.M.	William Campbell
August 12	Time Management	7:00 – 8:30 P.M.	Kimberly Robinson

그린빌 지역 문화 센터
학습 기술 강의 일정
7월 2일 – 8월 12일
비용: 70달러 (강의 당)

날짜	강의	시간	강사
7월 2일	필기 기술	오전 7시 – 8시 30분	프랜시스 브라운
7월 10일	학문적 글쓰기	오후 6시 30분 – 8시	레이철 윌리엄스
7월 16일	적극적 배움의 전략	오후 3시 – 4시 30분	마사 밀러
7월 25일	~~숙제 계획 세우기~~ 취소됨	오후 2시 30분 – 4시	마르크 패튼
8월 3일	기억력과 시험 대비	오후 9시 30분 – 11시	윌리엄 캠벨
8월 12일	시간 관리	오후 7시 – 8시 30분	킴벌리 로빈슨

Narration

Hi, my child is considering taking some courses at the community center next month. He is especially interested in the study skills courses. I can't find the schedule online, so can you answer a few questions for me?

안녕하세요. 저희 아이가 다음 달에 지역 문화 센터에서 강의를 들을지 고민하고 있습니다. 아이는 특히나 학습 기술 강의에 관심이 있어요. 제가 온라인에서 일정을 찾을 수가 없어서요. 몇 가지 질문에 답변해 주실 수 있을까요?

Q8

What date do the courses start and end? How much does each class cost?

강의는 언제 시작해서 언제 끝나요? 각각의 강의를 듣는 데 비용은 얼마나 드나요?

Sample Answer

🎧 AT_03_Q8_A

The courses will be held from July second to August twelfth. The fee is seventy dollars per course.

강의는 7월 2일부터 8월 12일까지 열립니다. 비용은 강의 당 70달러입니다.

어휘 from 시작 날짜 to 종료 날짜 ~부터 ~까지 | per ~당, 개별

Q9

My child wants to take the homework planning course this summer. What date is it?

저희 아이는 이번 여름에 숙제 계획 세우기 강의를 듣고 싶어 합니다. 날짜가 언제인가요?

Sample Answer

AT_03_Q9_A

I am sorry. The course on homework planning was scheduled on July twenty-fifth. But it has been canceled.

죄송합니다. 숙제 계획 세우기 강의가 7월 25일에 예정되어 있었습니다. 하지만 그것은 취소되었습니다.

Q10

I would like to know more about courses held in the morning because my child has other things to do in the afternoon. Can you tell me about the courses held in the morning?

저희 아이가 오후에는 다른 해야 할 일이 있어서 오전에 열리는 강의에 대해 더 알고 싶습니다. 오전에 열리는 강의들에 대해 알려주실 수 있나요?

Sample Answer

AT_03_Q10_A

Of course. There are two courses scheduled in the morning. First, from 7 to 8:30 A.M. on July second, there will be a course on note taking skills by Frances Brown. Next, from 9:30 to 11 A.M. on August third, there will be a course on memory and test preparation by William Campbell.

물론이죠. 오전에 2개의 강의가 예정되어 있습니다. 우선, 7월 2일 오전 7시부터 8시 30분까지, 프랜시스 브라운 씨의 필기 기술에 관한 강의가 있을 예정입니다. 다음으로, 8월 3일 오전 9시 30분부터 11시까지, 윌리엄 캠벨 씨의 기억력과 시험 대비에 관한 강의가 있을 예정입니다.

어휘 in the morning 오전에, 아침에

Q11

Do you think companies should allow employees to take a vacation to manage stress at work?
Support your opinion with specific reasons and examples.

당신은 회사가 직원들에게 직장에서의 스트레스를 관리할 수 있도록 휴가 내는 것을 허락해야 한다고 생각하나요?
구체적인 이유와 예시를 들어 본인의 의견을 뒷받침해 보세요.

Sample Answer　목표 Lev.5-6

🎧 AT_03_Q11_A1

Yes, I think companies should allow employees to take a vacation to manage stress at work.
I have some reasons to support this. To manage stress at work, working condition is the most important thing. Vacation from work can motivate people to work hard. Many people will be satisfied with their jobs.
So, I think companies should allow employees to take a vacation to manage stress at work.

네, 저는 회사가 직원들에게 직장에서의 스트레스를 관리할 수 있도록 휴가 내는 것을 허락해야 한다고 생각합니다.
이것을 뒷받침하는 이유가 있습니다. 직장에서의 스트레스를 관리하기 위해서는, 근무 조건이 가장 중요합니다. 직장에서 벗어나는 휴가는 사람들이 열심히 일하도록 동기를 부여해 줄 수 있습니다. 많은 사람들은 그들의 직업에 만족할 것입니다.
그러므로, 저는 회사가 직원들에게 직장에서의 스트레스를 관리할 수 있도록 휴가 내는 것을 허락해야 한다고 생각합니다.

어휘　manage 관리하다 | working condition 근무 조건 | be satisfied with ~에 만족하다

목표 Lev.7-8　모든 문제에 정확한 예시를 30초 안에 완벽하게 떠올리는 힘듭니다. 주변 회사에서 제공하는 좋은 복지를 예시로 미리 생각해 두고, 미리 준비해 간 예시를 자연스럽게 말하면서 문제에 언급된 부분을 살짝 추가하는 식으로 답변한다면 보다 빠르게 고득점을 달성할 수 있습니다.

Sample Answer

🎧 AT_03_Q11_A2

Yes, I think companies should allow employees to take a vacation to manage stress at work.
I have some reasons and an example to support this. To manage stress at work, working condition is the most important thing. Vacation from work can motivate people to work hard.
For example, I have a sister. She is working for a company which offers great employee benefits. The best thing about her job is the working hours. At 5 P.M. all computers in the company should be shut down and employees need to leave the company. This rule helps her maintain healthy work-life balance.
In the evening, she works out in a fitness center and blows off steam. Of course, she takes a vacation every year. She really likes her job.
Therefore, I think more and more companies should allow employees to do this.

네, 저는 회사가 직원들에게 직장에서의 스트레스를 관리할 수 있도록 휴가 내는 것을 허락해야 한다고 생각합니다.
이것을 뒷받침하는 이유와 예시가 있습니다. 직장에서의 스트레스를 관리하기 위해서는, 근무 조건이 가장 중요합니다. 직장에서 벗어나는 휴가는 사람들이 열심히 일하도록 동기를 부여해 줄 수 있습니다. 예를 들어, 저는 언니가 있습니다. 그녀는 우수한 직원 복지 혜택을 제공하는 회사에서 근무하고 있습니다. 그녀의 직장의 가장 좋은 점은 바로 근무 시간입니다. 오후 5시가 되면, 모든 회사 내의 컴퓨터가 꺼지며 직원들은 퇴근을 해야 합니다. 이러한 규정은 그녀가 건강한 일과 삶의 균형을 유지하는 데 도움이 됩니다. 저녁에는, 피트니스 센터에서 운동을 하며 스트레스를 해소합니다. 물론, 휴가도 매년 떠납니다. 그녀는 그녀의 일을 정말 좋아합니다.
그러므로, 저는 더욱 더 많은 회사가 직원들이 이렇게 할 수 있도록 허락해 주어야 한다고 생각합니다.

어휘　employee benefits 직원 복지 혜택 | the best thing about ~ ~의 가장 좋은 점 | shut down (기계 등을) 끄다 | work out 운동하다 | blow off steam 스트레스를 해소하다, 울분[화]를 식히다

Actual Test 04

Q1 Sample Answer

Have you been **sea**rching for the **be**st deals on **gro**ceries and **ho**me appliances? ↗ // Then **co**me down to **Gi**ant **Hy**permarket on **Ma**in Str**ee**t. ↘ // We are **ha**ving our **bi**ggest sale of the y**ea**r! ↘ // **Che**ck out the **di**scounts / on **de**li meats, ↗ / baked **goo**ds ↗ / and **va**cuum cleaners. ↘ // We expect to **se**ll out **qui**ckly, / so **plea**se **do**n't hesitate to visit / to**da**y! ↘ //

식료품과 가전 제품 관련하여 가장 괜찮은 가격대를 찾고 계셨나요? 그렇다면 메인 스트리트에 위치한 자이언트 하이퍼마켓에 들러 주세요. 저희는 올해 최대 할인 행사를 하고 있습니다! 조리된 고기, 제과류 그리고 진공 청소기에 대한 할인을 살펴보세요! 빨리 매진될 것으로 예상되니, 망설이지 말고 오늘 방문해 주세요!

> **어휘** search for 찾다, 검색하다 | home appliances 가전 제품 | hesitate 망설이다

Q2 Sample Answer

Our next **gu**est on **Boo**k Talk / is Karen Cas**ti**llo, ↗ / the famous au**tho**r. ↘ // She recently rel**ea**sed / a **my**stery novel, ↗ / "*Rebecca*". ↘ // We will dis**cu**ss / what ins**pi**red her the **mo**st. ↘ // The **to**pic will **co**ver her strong social **me**dia presence, ↗ / where she **wro**te the **boo**k / and the **fea**tures of each **cha**racter / in the **boo**k. ↘ // **Plea**se give a **ro**und of ap**pla**use / for Karen Cas**ti**llo. ↘ //

저희 〈북 토크〉의 다음 초대 손님은 유명한 작가인 캐런 카스티요 씨입니다. 그녀는 최근에 미스터리 소설인 "레베카"를 출간하였습니다. 저희는 무엇이 그녀에게 가장 영감을 주었는지 이야기 해보겠습니다. 소셜 미디어에서의 그녀의 강력한 존재감과 어디에서 그녀가 그 책을 썼는지, 그리고 책 속의 각각의 등장인물들의 특징들을 주제로 다룰 것입니다. 캐런 카스티요 씨에게도 큰 박수 부탁 드립니다.

> **어휘** release 출시하다 | cover (주제에 대해) 다루다 | a round of applause 한 차례의 박수 갈채

Q3

Sample Answer

🎧 AT_04_Q3_A

This is a picture of a boarding gate.

The first thing I can see is a woman who is showing her ticket to a flight attendant. She has short hair and is wearing an orange color T-shirt. She is pulling a suitcase.

Two flight attendants are standing beside the gate. They are wearing uniforms and one of them is helping the customer.

In the foreground, a man with gray hair is looking at the people in the middle of this picture.

In the background, I can see many pillars and windows.

Overall, this picture seems like a typical scene at a boarding gate.

이것은 어느 한 탑승구의 사진입니다.

가장 먼저 눈에 띄는 것은 승무원에게 표를 보여 주고 있는 한 여자입니다. 그녀는 머리가 짧고 오렌지색 티셔츠를 입고 있습니다. 그녀는 여행 가방을 끌고 갑니다.

두 명의 승무원은 게이트 옆에 서 있습니다. 둘 다 유니폼 차림이고 그중 한 명이 고객을 돕고 있습니다.

전경에는, 머리가 희끗희끗한 남자가 사진의 중앙에 있는 사람들을 바라보고 있습니다.

배경에는, 많은 기둥들과 창문들이 보입니다.

전반적으로, 이 사진은 탑승구에서 흔히 볼 수 있는 장면인 것 같습니다.

어휘 boarding gate 탑승구 | flight attendant (비행기) 승무원

Sample Answer

🎧 AT_04_Q4_A

This is a picture of an outdoor market.

There are many people in this picture.

On the right side, I can see a street vendor. He is wearing glasses and holding a plastic bag. I guess he is putting some items into the bag.

On the stand, there are various fresh vegetables displayed.

In the foreground, I can also see an electronic scale that is used for weighing vegetables.

In the middle, many people are browsing the products.

Overall, this market looks crowded.

이것은 어느 한 야외 시장의 사진입니다.

사진에는 많은 사람들이 있습니다.

오른쪽에는, 한 노점 상인이 보입니다. 그는 안경을 착용하고 있고 비닐 봉투를 들고 있습니다. 그는 비닐 봉투에 물건을 담고 있는 것 같습니다.

노점에는, 다양하고 신선한 채소들이 진열되어 있습니다.

전경에는, 채소들의 무게를 재는 데 사용되는 전자 저울도 보입니다.

가운데에는, 많은 사람들이 물건을 구경하고 있습니다.

전반적으로, 이 시장은 붐비는 것 같습니다.

어휘 street vendor 노점 상인 | stand 노점, 좌판 | electronic scale 전자 저울

Imagine that a local marketing firm is doing research in your area. You have agreed to participate in a telephone interview about social events.

현지의 한 마케팅 회사가 당신의 지역에서 설문 조사를 실시한다고 가정해 보세요. 당신은 사회 행사 관련하여 전화 인터뷰에 참여하기로 동의하였습니다.

Q5

When did you last go to a social event? What kind of event was it?

언제 마지막으로 사회 행사에 갔었나요? 그것은 어떤 행사였나요?

Sample Answer
 AT_04_Q5_A

I went to a social event last year. It was a music festival. I had a fun time. ↘ 주최자가 시나 학교, 회사인 사회 행사

저는 작년에 어느 한 사회 행사에 갔었습니다. 그것은 음악 축제였습니다. 즐거운 시간을 보냈습니다.

어휘 social event (주최자가 시나 학교, 회사인) 사회 행사 | music festival 음악 축제

Q6

Would you spend money on souvenirs if you were at a social event? Why or why not?

만약에 사회 행사에 참석한다면, 기념품을 사는 데 돈을 쓰실 건가요? 왜 그런가요? 아니라면 왜 아닌가요?

Sample Answer   찬성하는 답변
 AT_04_Q6_A1

I would spend money on souvenirs if I were at a social event because the item would remind me of good memories.

만약 제가 사회 행사에 참석한다면 기념품을 사는 데 돈을 쓸 것입니다. 왜냐하면 그 물건은 저에게 좋은 추억을 상기시켜 줄 것이기 때문입니다.

어휘 remind ~ of good memories ~에게 좋은 추억을 상기시키다

Sample Answer   반대하는 답변
 AT_04_Q6_A2

No, I wouldn't spend money on souvenirs. These items are expensive. I can't afford to buy the items.

아니요. 저는 기념품을 사는 데 돈을 쓰지 않을 것입니다. 이런 물건들은 비쌉니다. 저는 물건들을 살 여력이 되지 않습니다.

Would you agree that hosting social events has a good impact on local communities? Why or why not?

당신은 사회 행사를 개최하는 것이 지역 사회에 좋은 영향력을 준다는 것에 동의하나요? 왜 그런가요? 아니라면 왜 아닌가요?

Sample Answer

🎧 AT_04_Q7_A

Yes, I would agree with that.
Social events can have many positive effects on my neighborhood. More specifically, they will develop the community economically and improve social conditions.
So, I would totally agree with that.

네, 저는 그것에 동의합니다.
사회 행사는 저희 지역에 많은 긍정적인 영향력을 줄 수 있습니다. 좀 더 구체적으로 말하면, 그런 행사들은 지역 사회를 경제적으로 발전시키고, 사회적 여건을 향상시킬 겁니다.
그러므로, 저는 그것에 전적으로 동의합니다.

어휘 have a positive effect on ~에 긍정적인 영향을 주다 | economically 경제적으로 | social conditions 사회적 여건

Travel Itinerary for Isaac Edwards			
Depart:	New York	American Airlines #582	08:00 A.M. September 21st
Arrive:	Chicago		09:30 A.M. September 21st
Hotel Arrangements Found Hotel, Chicago River North (613 North Wells Street, Chicago) September 21 – September 25			
Day Trip to new branch (car provided) September 22			
Depart:	Chicago	American Airlines #901	10:00 A.M. September 25th
Arrive:	New York		11:30 A.M. September 25th

아이작 에드워즈의 출장 일정			
출발:	뉴욕	아메리칸 항공 582편	9월 21일 오전 8시
도착:	시카고		9월 21일 오전 9시 30분
호텔 예약 파운드 호텔, 시카고 리버 노스 (시카고 시 노스 웰스 스트리트 613번지) 9월 21일 – 9월 25일			
새로운 지점으로의 일일 견학 (차량 제공) 9월 22일			
출발:	시카고	아메리칸 항공 901편	9월 25일 오전 10시
도착:	뉴욕		9월 25일 오전 11시 30분

Narration

Hi, I know I am going on a business trip to Chicago. I want to check some of the details.

안녕하세요, 저는 제가 시카고로 출장을 가는 것으로 알고 있습니다. 저는 세부 사항 몇 가지를 확인하고 싶습니다.

Q8

On what date do I depart from New York, and what is my flight number?

언제 제가 뉴욕에서 출발하고, 제 항공편 번호는 무엇인가요?

Sample Answer

🎧 AT_04_Q8_A

You will depart from New York at 8 A.M. on September twenty-first. You will take American Airlines. The flight number is five eight two.

귀하께선 뉴욕에서 9월 21일 오전 8시에 출발하실 겁니다. 아메리칸 항공을 이용하실 예정입니다. 항공편 번호는 582입니다.

어휘 depart from ~에서 출발하다 | take (교통 수단 등을) 타다

I know I will go on a day trip while staying in Chicago. Do I need to drive a car by myself to get to the new branch office?

저는 시카고에 머무는 동안 일일 견학이 있는 것으로 알고 있어요. 신규 지점에 방문하려면 제가 스스로 운전해서 가야 하나요?

Sample Answer

🎧 AT_04_Q9_A

No, you don't need to. A car will be provided when you go on a day trip to the new branch on September twenty-second.

아니요, 그러실 필요 없습니다. 9월 22일에 신규 지점으로 일일 견학을 가실 때, 차량이 제공될 예정입니다.

어휘 don't need to + 동사 ~할 필요가 없다 | go on a day trip to ~ ~로 일일 견학을 가다 | will be provided 제공될 예정이다

Could you please tell me all the details about the return flight?

돌아오는 항공편에 대한 모든 세부사항을 제게 말해 주실 수 있을까요?

Sample Answer

🎧 AT_04_Q10_A

Sure. You will depart from Chicago at 10 A.M. on September twenty-fifth. You will take American Airlines. The flight number is nine oh one. You will arrive in New York at 11:30 A.M. on September twenty-fifth.

물론입니다. 9월 25일 오전 10시에 시카고에서 출발하실 예정입니다. 아메리칸 항공을 타실 겁니다. 항공편 번호는 901입니다. 뉴욕에는 9월 25일 오전 11시 30분에 도착하실 겁니다.

어휘 arrive in + 도시 이름 ~에 도착하다

Which of the following do you think is more important for children's development: visiting art galleries or participating in sports events? Why?
Support your opinion with specific reasons and examples.

다음 중 아이들의 발달에 더 중요한 것은 무엇이라고 생각하나요? 미술관 방문인가요? 아니면 스포츠 경기 참여인가요? 왜 그런가요?
구체적인 이유와 예시를 들어 본인의 의견을 뒷받침해 보세요.

Sample Answer 목표 Lev.5-6　　　　　　　　　　🎧 AT_04_Q11_A1

I think participating in sports events is more important for children's development than visiting art galleries.
I have some reasons to support this. While participating in sports events, children can improve social skills. Children can discover their talent while playing team sports. A good sports coach can touch children's lives.
So, I think participating in sports events is more important for children's development than visiting art galleries.

저는 미술관 방문보다 스포츠 경기에 참여하는 것이 아이들의 발달에 더 중요하다고 생각합니다. 이것을 뒷받침하는 이유가 있습니다. 스포츠 행사에 참여하는 동안, 아이들은 사교력을 발달시킬 수 있습니다. 아이들은 단체 운동 경기를 하면서 그들의 재능을 발견할 수 있습니다. 좋은 스포츠 감독은 아이들에게 귀감이 되기도 합니다.
그러므로, 저는 미술관 방문보다 스포츠 경기에 참여하는 것이 아이들의 발달에 더 중요하다고 생각합니다.

어휘 participate in ~에 참여하다 | social skills 사교력 | discover 발견하다 | touch someone's life ~에게 (정서적으로) 귀감이 되다, 영감을 주다

Sample Answer 목표 Lev.7-8　　　　　　　　　　🎧 AT_04_Q11_A2

I think participating in sports events is more important for children's development than visiting art galleries.
I have some reasons and an example to support this. While participating in sports events, children can improve social skills. Children can discover their talent while playing team sports.
For example, I used to participate in a lot of team sports during the school hours. It was a good chance to learn some teamwork and get to know my classmates. One semester, I practiced playing basketball games. I learned how to pass a ball and how to communicate with my teammates. The P.E. teacher helped us to improve our basketball skills. From this experience, I could get in great shape and I learned how to roll with the punches.
So, I think participating in sports events is better for children.

힘든 상황에 유연하게 대처하다

저는 미술관 방문보다 스포츠 경기에 참여하는 것이 아이들의 발달에 더 중요하다고 생각합니다. 이것을 뒷받침하는 이유와 예시가 있습니다.
스포츠 경기에 참여하는 동안, 아이들은 사교력을 발달시킬 수 있습니다. 아이들은 단체 운동 경기를 하면서 그들의 재능을 발견할 수 있습니다.
예를 들어, 저는 학창 시절에 많은 단체 운동 경기에 참여하곤 했습니다. 팀워크에 대해 배우고 반 친구들을 알아갈 수 있는 좋은 기회였습니다. 어떤 학기 중에는, 농구 시합을 연습했습니다. 저는 공을 패스하는 방법 그리고 팀원들과 소통하는 방법을 배웠습니다. 체육 선생님은 저희가 농구 실력을 향상시킬 수 있도록 도와주셨습니다. 이런 경험으로, 저는 멋진 몸매를 가질 수 있었고 힘든 상황에 유연하게 대처하는 법도 알게 되었습니다.
그러므로, 저는 스포츠 경기에 참여하는 것이 아이들에게 더 좋다고 생각합니다.

어휘 used to + 동사 ~하곤 했다 | how to + 동사 ~하는 방법 | from this experience 이러한 경험으로 | P.E.(= physical education) 체육 | get in great shape 멋진 몸매를 갖다, 건강해지다 | roll with the punches 힘든 상황에 유연하게 대처하다

Actual Test 05

Sample Answer

🎧 AT_05_Q1_A

It's **ti**me for the **e**vening weather update. ↘ // After having **two** days of s**no**wstorms, ↗ / the **Su**n **Va**lley area will finally exp**e**rience / warmer temperatures. ↘ // The s**no**wfall has already become **li**ghter / and it will **soo**n stop comp**le**tely. ↘ // In **fa**ct, ↗ / the s**u**n should be **ou**t / for **mo**st of the **da**y tomo**r**row. ↘ // How**e**ver, ↗ / we can exp**e**ct **lo**wer temperatures, ↗ / clouds ↗ / and **mo**re s**no**w / by the **en**d of the **wee**k. ↘ //

새로 들어온 저녁 날씨 방송 시간입니다. 이틀간의 눈보라가 있은 후, 선 밸리 지역에 드디어 더 따뜻한 기온이 찾아오겠습니다. 눈발이 벌써 더 약해졌고 곧 완전히 멈출 것입니다. 사실상. 내일은 거의 하루 종일 해가 보이겠습니다. 하지만, 이번 주말까지는 더 낮은 기온, 구름, 더 많은 눈이 예상됩니다.

어휘 snowstorm 눈보라 | snowfall 강설, 강설량 | completely 완전히 | temperature 기온, 온도

Sample Answer

🎧 AT_05_Q2_A

Thank you for **tu**ning into / the **mo**rning traffic report. ↘ // Due to the **lo**ng **ho**liday weekend, ↗ / we are exp**e**cting / heavy tr**a**ffic / around the **ci**ty / on **Thu**rsday, ↗ / Friday ↗ / and **Mo**nday. ↘ // On **to**p of that, ↗ / due to the predicted **ba**d weather, ↗ / traffic and transpor**ta**tion conditions / will be **e**ven wo**rse**. ↘ // If you are tr**a**veling / over the **wee**kend, / please pl**a**n ahe**a**d. ↘ //

아침 교통 방송을 들어 주셔서 감사합니다. 긴 주말 연휴 때문에, 목요일, 금요일 그리고 월요일에 도시 전역으로 교통 정체가 예상됩니다. 게다가, 날씨도 좋지 않을 것으로 예상되어 차량 및 이동 수단 상황과 이동 상황이 훨씬 더 안 좋을 것입니다. 주말 동안 이동할 예정이라면, 미리 계획을 세우세요.

어휘 tune in[into] (라디오 주파수를) 맞추다, (악기를) 조율하다 | heavy traffic 교통 정체 | over the weekend 주말 동안 | ahead 미리, 사전에

Sample Answer

AT_05_Q3_A

This is a picture of a grocery store.

In the middle of this picture, a couple is shopping for groceries. The woman is holding a shopping basket and pointing at some veggies. She has long hair and is wearing a brown cardigan. The man is reaching for a tomato.

On the left side of this picture, a lot of containers are organized on the shelves.

Overall, this couple looks so happy.

이것은 어느 한 식료품 가게의 사진입니다.

사진의 가운데에는, 한 커플이 장을 보고 있습니다. 여자는 장바구니를 들고 채소를 가리키고 있습니다. 그녀는 머리가 길고 갈색 가디건을 착용하고 있습니다. 남자는 토마토를 향해 손을 뻗고 있습니다.

사진의 왼편에는, 많은 용기들이 선반에 정돈되어 있습니다.

전반적으로, 이 커플은 매우 행복해 보입니다.

> **어휘**　shop for ~를 구매하다 | point at ~를 가리키다 | container 용기, (사물을 담는) 통

Sample Answer

AT_05_Q4_A

This is a picture of a living room.

There is a couple in this picture. They are carrying a sofa together. It seems like they are moving into a new house.

I can see the man's back. He has short hair and he is wearing a blue shirt and black pants. The woman is smiling.

On the floor, some boxes are piled up. I can see a potted plant and a lamp.

In the background, some big windows are letting in the light.

Overall, the house seems bright, and the couple looks excited.

이것은 어느 한 거실의 사진입니다.

사진에 한 커플이 있습니다. 그들은 같이 소파를 나르고 있습니다. 그들은 새집으로 이사를 오는 것 같습니다.

저는 남자의 뒷모습이 보입니다. 그는 머리가 짧고 파란색 셔츠에 검정 바지 차림입니다. 여자는 미소를 짓고 있습니다.

바닥에는, 박스들이 쌓여 있습니다. 화분과 조명이 보입니다.

배경에는, 큰 창문으로 빛이 들어오고 있습니다.

전반적으로, 집이 밝아 보이고, 커플은 신난 것 같습니다.

Imagine that a bus company wants to improve their service by conducting a survey in your area. You have agreed to participate in a telephone interview about traveling by bus.

한 버스 회사가 자신들의 서비스를 향상시키고자 당신의 지역에서 설문 조사를 실시한다고 가정해 보세요. 당신은 버스로 이동하는 것에 관해 전화 인터뷰에 응하는 데 동의하였습니다.

Q5

When was the last time you took a bus? Where did you go?

언제 마지막으로 버스를 탔나요? 어디를 갔나요?

Sample Answer

🎧 AT_05_Q5_A

The last time I took a bus was yesterday. I went to school. Using a bus is very cost-effective.

마지막으로 버스를 탄 때는 어제였습니다. 학교에 갔습니다. 버스를 이용하는 것은 비용 대비 매우 효율적입니다.

어휘 cost-effective 비용 대비 효율적인

Q6

How long do you need to wait for a bus to come? What do you usually do while waiting?

버스가 오기까지 얼마나 오랫동안 기다려야 하나요? 기다리는 동안 주로 무엇을 하나요?

Sample Answer

🎧 AT_05_Q6_A

I need to wait for about 5 minutes for a bus to come. I usually use a smartphone while waiting. I can look up some information.

저는 버스가 오기까지 약 5분 정도 기다려야 합니다. 저는 기다리는 동안 주로 스마트폰을 사용합니다. 정보를 검색할 수 있습니다.

어휘 for + 시간 ~ 동안 | while ~하는 동안 | look up 검색하다. (정보를) 찾다 (= search for)

What service do you think bus companies should improve to keep their passengers satisfied? Why?

버스 회사가 계속해서 승객을 만족시키기 위해서는 어떠한 서비스를 향상시켜야 한다고 생각하시나요? 왜 그런가요?

Sample Answer   🎧 AT_05_Q7_A

I think developing an app is a good idea.
First, people use smartphones every day. They prefer to use online service. Next, people can get real-time information. They can check the departure time before they leave the house. It can reduce waiting time.
Therefore, I think developing an app is a good idea.

저는 앱을 개발하는 것이 좋은 방안이라고 생각합니다.
우선, 사람들은 스마트폰을 매일 사용합니다. 사람들은 온라인 서비스를 사용하는 것을 선호합니다. 다음으로, 사람들은 실시간 정보를 얻을 수 있습니다. 그들은 집을 나서기 전에 (버스) 출발 시간을 확인할 수 있습니다. 이것은 기다리는 시간을 줄여줄 수 있습니다.
그러므로, 저는 앱을 개발하는 것이 좋은 방안이라 생각합니다.

어휘 develop 개발하다 | real-time information 실시간 정보 | departure time 출발 시간 | leave the house 집을 나서다 | waiting time 대기 시간

Christopher Nelson, Restaurant Manager
Schedule for Tuesday, July 6th

Time	Schedule
9:00 – 10:00 A.M.	Meeting with food vendor
10:00 – 11:00 A.M.	~~Interview with magazine~~ *moved to July 10th, 11 A.M.*
11:00 A.M. – noon	New menu item: discuss with head chefs
Noon – 1:00 P.M.	Lunch
1:00 – 2:00 P.M.	Review: monthly budget
2:00 – 3:00 P.M.	New menu item: brainstorming with servers
3:00 – 4:00 P.M.	Refrigerator inventory check

식당 매니저 크리스토퍼 넬슨
7월 6일 화요일 일정

시간	일정
오전 9시 – 10시	식품 판매업자와의 회의
오전 10시 – 11시	잡지사와의 인터뷰 *7월 10일 오전 11시로 변경됨*
오전 11시 – 낮 12시	신메뉴 항목: 수석 주방장님들과 논의
낮 12시 – 오후 1시	점심
오후 1시 – 2시	검토: 월간 예산
오후 2시 – 3시	신메뉴 항목: 종업원들과 브레인스토밍
오후 3시 – 4시	냉장고 재고 확인

Narration

Hi, this is Christopher Nelson. I am out of the restaurant right now and wonder if you can provide some details about my schedule.

안녕하세요, 크리스토퍼 넬슨입니다. 제가 지금 식당 밖에 나와 있어서요, 저의 일정 관련하여 세부적인 정보를 주실 수 있는지 궁금합니다.

Q8

What is the first thing on my schedule? What time does it start?

저의 일정에서 첫 번째 사항이 무엇인가요? 그것은 몇 시에 시작하나요?

Sample Answer   🎧 AT_05_Q8_A

Firstly, from 9 to 10 A.M. you will have a meeting with a food vendor.

우선, 오전 9시부터 10시까지 식품 판매업자와 회의가 있을 예정입니다.

어휘 have a meeting 회의를 하다 | vendor 판매자, 판매 회사

As far as I remember, I will be interviewed by people from the magazine at 10 A.M. tomorrow. Right?

제가 기억하기로는, 내일 오전 10시에 잡지사에서 나온 사람들과 인터뷰가 있는 걸로 알고 있어요. 맞나요?

Sample Answer　　　　　　　🎧 AT_05_Q9_A

No, actually not. The interview was scheduled from 10 to 11 A.M. but it has been moved to 11 A.M. on July tenth.

아니요, 사실 그렇지 않습니다. 인터뷰는 오전 10시부터 11시까지 예정되어 있었으나, 7월 10일 오전 11시로 변경되었습니다.

어휘　be scheduled 예정되다

I know I have a meeting about the new menu tomorrow. Could you please tell me all the details of my schedule related to new menu items?

내일 신메뉴에 관한 회의가 있는 것으로 알고 있어요. 신메뉴 항목과 관련된 제 일정을 자세하게 다 알려 주실 수 있나요?

Sample Answer　　　　　　　🎧 AT_05_Q10_A

OK, let me check. There are two things scheduled regarding the new menu. First, from 11 A.M. to noon, you will discuss new menu items with the head chefs. Next, from 2 to 3 P.M. you will brainstorm about new menu items with the servers.

ㄴ discuss 다음에 about은 사용하지 않습니다.

네, 확인해 보겠습니다. 신메뉴와 관련하여 2가지 일정이 예정되어 있습니다. 우선, 오전 11시부터 정오까지, 수석 주방장님들과 신메뉴 항목과 관련하여 논의를 하게 될 것입니다. 다음으로, 오후 2시부터 3시까지 신메뉴 항목에 관하여 종업원들과 브레인스토밍을 하게 될 것입니다.

어휘　regarding ∼와 관련하여 | discuss + 목적어 ∼에 관해 논의하다

Do you agree or disagree with the following statement?
The Internet has helped our lives more than automobiles have.
Support your opinion with specific reasons and examples.

다음의 주장에 동의하나요, 반대하나요?
'우리의 삶에 인터넷이 자동차보다도 더 많은 도움이 되었다.'
구체적인 이유와 예시를 들어 본인의 의견을 뒷받침해 보세요.

Sample Answer　목표 Lev.5-6 　　🎧 AT_05_Q11_A1

I totally agree that the Internet has helped our lives more than automobiles have.
I have some reasons to support this. When I use the Internet, I can save time and energy. I can communicate with people whenever I want to, and I can look up some information. Thanks to the Internet, I can get with the times.
So, I agree that the Internet has helped our lives more than automobiles have.

저는 우리의 삶에 인터넷이 자동차보다 더 많은 도움이 되었다는 것에 전적으로 동의합니다.
이것을 뒷받침하는 이유가 있습니다. 인터넷을 사용할 때, 시간과 에너지를 절약할 수 있습니다. 제가 원할 때 언제든지 사람들과 소통할 수 있고, 정보를 검색할 수도 있습니다. 인터넷 덕분에, 시대에 발 맞춰 살 수 있습니다.
그러므로, 저는 인터넷이 자동차보다 더 많이 우리의 삶에 도움이 되었다는 것에 동의합니다.

어휘 totally 전적으로, 완전히 | communicate 소통하다 | whenever I want to 원할 때 언제든지, 원할 때마다 | thanks to ～덕분에 | with the times 시대에 발 맞추어

Sample Answer　목표 Lev.7-8 　　🎧 AT_05_Q11_A2

I totally agree that the Internet has helped our lives more than automobiles have.
I have some reasons and an example to support this. When I use the Internet, I can save time and energy. I can communicate with people whenever I want to, and I can look up some information.
For example, I often buy items online. In Korea, there is an online shopping mall named Coupang. They guarantee that the items will be delivered within a day. A few days ago, I was almost out of toilet paper. I used a smartphone to place an order. The next morning, the item was delivered. It was very convenient.
So, I agree with this statement.

저는 우리의 삶에 인터넷이 자동차보다 더 많은 도움이 되었다는 것에 전적으로 동의합니다.
이것을 뒷받침하는 이유와 예시가 있습니다. 제가 인터넷을 사용할 때, 시간과 에너지를 절약할 수 있습니다. 제가 원할 때 언제든지 사람들과 소통할 수 있고, 정보를 검색할 수도 있습니다.
예를 들어, 저는 온라인으로 물건을 자주 구매합니다. 한국에는, 쿠팡이라는 온라인 쇼핑몰이 있습니다. 그들은 하루 만에 물건이 배송될 것을 보장합니다. 며칠 전에, 화장실 휴지가 거의 다 떨어졌습니다. 저는 스마트폰을 이용해서 주문을 했습니다. 다음 날 아침, 물건이 배송되었습니다. 그것은 매우 편리했습니다.
그러므로, 저는 이 주장에 동의합니다.

어휘 guarantee 보장하다 | within + 기간 ～이내에 | almost 거의 | be out of ～이 다 떨어지다, 고갈되다 | place an order 주문하다 | the next morning 다음 날 아침

Actual Test 06

Sample Answer   🎧 AT_06_Q1_A

Now for our **ni**ghtly **we**ather report. ↘ // As you **loo**k at the **we**ather map, ↗ / it's **ob**vious / that **win**ter isn't **fi**nished with the **No**rtheast **ye**t. ↘ // Our **fo**recast pre**di**cts **sno**w, ↗ / **slee**t, ↗ / and moderate **win**ds / for to**mo**rrow morning / although this **sto**rm / will **mo**ve out of our **a**rea / by **ear**ly **e**vening. ↘ // The low **te**mperatures / will continue / throughout the **wee**k. ↘ //

이제 야간 일기 예보를 알려 드리겠습니다. 일기도를 보시면, 북동쪽에는 아직 겨울이 끝나지 않은 것이 분명합니다. 비록 폭풍우가 초저녁쯤에는 우리 지역에서 물러가겠지만, 저희 기상 예보는 눈, 진눈깨비, 그리고 약한 바람이 내일 아침에 있을 것으로 예상합니다. 낮은 기온은 이번 주 내내 지속될 것입니다.

어휘 obvious 명백한 | sleet 진눈깨비 | throughout + 시간 표현 ~내내

Sample Answer   🎧 AT_06_Q2_A

We'll be**gin** our **br**oadcast / with **tra**ffic updates. ↘ // In an **e**ffort to impr**o**ve / **tra**ffic flow, ↗ / several **ro**ads in the **do**wntown region / are **sch**eduled to be **wi**dened this **wee**k. ↘ // According to **tr**ansportation officials, / multiple **se**ctions of **Wa**lker **A**venue, ↗ / **Hi**ghway **16** ↗ / and **Se**cond **Str**eet ↗ / will be a**ffe**cted. ↘ // **Dr**ivers should exp**ec**t / additional **tr**avel time / during the cons**tr**uction period. ↘ //

교통 속보로 방송을 시작하겠습니다. 교통 흐름을 원활하게 하고자 하는 노력의 일환으로, 이번 주에 도심 지역의 몇몇 도로들의 확장이 예정되어 있습니다. 교통 당국자에 따르면, 워커 가, 16번 고속도로 그리고 세컨드 스트리트가 영향을 받을 것이라고 합니다. 운전자분들은 공사 기간 동안에 추가 이동 시간을 예상하셔야 합니다.

어휘 be scheduled to + 동사 ~하기로 예정되다 | construction period 공사 기간

Sample Answer

AT_06_Q3_A

This is a picture of a kitchen.

There is a family in this picture.

In the foreground, a mother and daughter are at a kitchen table. The girl is looking at her mother. The mother is smiling at the girl.

On the kitchen table, I can see bowls, dishes and some ingredients.

On the right side, a dad is standing at a sink and looking at his family. He has a beard and is washing something in the sink.

In the background, I can see a refrigerator.

Overall, it seems like this family is spending <u>quality time</u> together.　　　　　　　　의미 있는 시간

어휘　kitchen table 조리대 | quality time 의미 있는 시간

이것은 어느 한 주방의 사진입니다.

사진에 한 가족이 있습니다.

전경에는, 엄마와 딸이 조리대에 서 있습니다. 여자아이는 자신의 엄마를 바라보고 있습니다. 엄마는 여자아이를 바라보며 미소 짓고 있습니다.

조리대 위에는, 그릇들, 접시들 그리고 식재료가 보입니다.

오른쪽에는, 아버지가 싱크대 주변에 서서 자신의 가족을 바라보고 있습니다. 그는 턱수염이 있고 싱크대에서 무언가를 씻고 있습니다.

배경에는, 냉장고가 보입니다.

전반적으로, 이 가족은 함께 의미 있는 시간을 보내고 있는 것 같습니다.

Sample Answer

AT_06_Q4_A

This is a picture of a hallway.

There are some people in this picture.

On the right, two people are walking side by side.

They are wearing formal suits and they look serious.

On the left side, some people are walking out of the elevator.

And there is another man in front of the elevator. It seems like he is waiting to get on it.

There are tall, glass walls and I can see outside.

This might be an office building in a city.

이것은 어느 한 복도의 사진입니다.

사진에 몇몇 사람들이 있습니다.

오른쪽에는, 두 사람이 나란히 걸어가고 있습니다. 그들은 정장을 입고 있으며 진지해 보입니다.

왼쪽에는, 몇몇 사람들이 엘리베이터에서 걸어 나오고 있습니다.

그리고 엘리베이터 앞에 또 다른 한 남자가 있습니다. 그는 엘리베이터에 타기 위해 기다리고 있는 것 같습니다.

높은 유리 벽이 있으며 바깥이 보입니다.

이곳은 아마도 도시에 있는 사무실 건물인 것 같습니다.

어휘 walk out of ~에서 걸어 나오다

Imagine that a marketing firm is doing research in your area. You have agreed to participate in a telephone interview about watching a movie using streaming services.

한 마케팅 회사가 당신의 지역에서 설문 조사를 한다고 가정해 보세요. 당신은 스트리밍 서비스를 이용하여 영화를 보는 것에 관한 전화 인터뷰에 응하기로 동의하였습니다.

Q5

How often do you watch movies using a streaming service? What kind of movie did you watch the last time you watched a movie using a streaming service?

스트리밍 서비스를 사용하여 영화를 얼마나 자주 보나요? 가장 최근에 영화를 보았을 때, 스트리밍 서비스를 이용하여 어떤 종류의 영화를 보았나요?

Sample Answer

🎧 AT_06_Q5_A

I watch movies using a streaming service from time to time. Last time I watched a movie using a streaming service. I watched an action movie. It was very exciting.

유튜브나 넷플릭스와 같은 스트리밍 서비스

저는 때때로 스트리밍 서비스를 이용하여 영화를 봅니다. 지난번 스트리밍 서비스를 이용하여 영화를 보았을 때 저는 액션 영화를 보았습니다. 그 영화는 매우 흥미진진했습니다.

어휘 streaming service 스트리밍 서비스 | from time to time 때때로, 가끔

Q6

Are you more likely to use a movie streaming service on your smartphone or on a computer? Why?

당신은 스마트폰으로 영화 스트리밍 서비스를 이용할 가능성이 더 높은가요? 아니면 컴퓨터를 이용할 가능성이 더 높은가요? 왜 그런가요?

Sample Answer

🎧 AT_06_Q6_A

I am more likely to use a movie streaming service on my smartphone. That's because I can watch a movie wherever I go.

저는 스마트폰으로 영화 스트리밍 서비스를 이용할 가능성이 더 높습니다. 왜냐하면 제가 가는 곳 어디에서나 영화를 볼 수 있기 때문입니다.

어휘 be more likely to + 동사 ~할 가능성이 더 높다 | wherever I go 내가 가는 곳 어디에서나

When choosing a movie to watch by using a streaming service, which of the following would be the most important to you? Why?
· Ratings
· Movie director
· Genre

스트리밍 서비스를 사용하여 볼 영화를 고를 때, 다음 중 당신에게 가장 중요한 것은 무엇인가요? 왜 그런가요?
· 평점
· 영화 감독
· 장르

Sample Answer

AT_06_Q7_A

When choosing a movie, ratings would be the most important to me.
The most important reason is that I can save my time and energy. It is very convenient. Next, reviews from viewers are more reliable than advertisements. I can avoid wasting my money.
So, ratings would be the most important to me.

영화를 고를 때, 평점이 저에게는 가장 중요합니다. 가장 중요한 이유로 저는 시간과 에너지를 아낄 수 있습니다. 이것은 매우 편리합니다. 다음으로, 시청자들의 비평이 광고보다 더 믿을 만합니다. 돈 낭비를 막을 수 있습니다.
그러므로, 평점이 저에게 가장 중요합니다.

어휘 viewer 시청자 | avoid 막다, 예방하다 | waste 낭비하다

Tina Brown			티나 브라운	
2610 Simpson Avenue, Reno, NV 84557 (775) 516-9100 tinabrown@kmail.com			84557 네바다 주 레노 시 심슨 가 2610번지 (775) 516-9100 tinabrown@kmail.com	
Position Desired:	High school swimming team coach		희망직:	고등학교 수영 팀 감독
Education:	Bachelor's degree in Sports Administration, University of North Carolina, 2017		학력:	2017 노스 캐롤라이나 대학, 스포츠 행정학 학사
Work Experience:	Head coach, Green Hope High School (2019 to present) Assistant coach, Panther Creek High School (2018-2019)		경력:	그린 호프 고등학교 감독 (2019년부터 지금까지) 팬서 크리크 고등학교 코치 (2018년부터 2019년까지)
Qualifications:	Certification (Sports and Nutrition), 2016 Exceptional communication skills		자격:	2016 (스포츠와 영양학) 자격증 뛰어난 소통 능력

Narration

Hi, this is Hank calling from Henderson High School. I am supposed to be interviewing Tina Brown for the head swimming team coach position tomorrow, but I have misplaced her résumé. Can I ask you a few questions about her résumé?

안녕하세요, 핸더슨 고등학교의 행크입니다. 내일 수영 팀의 감독 자리 관련하여 티나 브라운 씨를 인터뷰할 예정인데요, 그런데 제가 그녀의 이력서를 잃어버린 것 같습니다. 그녀의 이력서에 관해 몇 가지 질문을 해도 될까요?

Q8

Where did Ms. Tina get her bachelor's degree? What did she study?

티나 씨는 어디서 학사 학위를 받으셨나요? 무엇을 공부하셨죠?

Sample Answer

🎧 AT_06_Q8_A

She got her bachelor's degree in sports administration from the University of North Carolina in two thousand and seventeen.

그녀는 2017년에 노스 캐롤라이나 대학으로부터 스포츠 행정학 학사 학위를 취득하였습니다.

어휘 bachelor's degree 학사 학위

Q9

We plan on starting sports and nutrition training this year. Does Ms. Tina have experience in this area?

우리는 올해 스포츠와 영양학 교육을 실시할 계획입니다. 티나 씨가 이 분야에 경험이 있나요?

Sample Answer

AT_06_Q9_A

Yes, she got a certification in sports and nutrition in 2016.

네, 그녀는 2016년도에 스포츠와 영양학 관련 자격증을 취득하였습니다.

어휘 certification 자격증

Q10

Can you tell me about her work experience in detail?

그녀의 업무 경력에 관해 자세하게 말해 주실 수 있나요?

Sample Answer

AT_06_Q10_A

Sure. First, she has been working as a head coach at Green Hope High School since two thousand and nineteen. Previously, she worked as an assistant coach at Panther Creek High School from twenty eighteen to twenty nineteen.

물론입니다. 우선, 그녀는 2019년부터 그린 호프 고등학교에서 감독으로 근무하고 있습니다. 이전에는, 팬서 크리크 고등학교에서 2018년부터 2019년까지 코치로 근무했습니다.

What are the advantages of providing opportunities for university students to study in foreign countries? Support your opinion with specific reasons and examples.

대학생들에게 외국에서 공부할 수 있는 기회를 주는 것에는 어떤 장점이 있나요?
구체적인 이유와 예시를 들어 본인의 주장을 뒷받침해 보세요.

Sample Answer 목표 Lev.5-6 🎧 AT_06_Q11_A1

There are some advantages of providing opportunities for university students to study in foreign countries. I have some reasons to support this. While studying in foreign countries, university students can be inspired and broaden their horizons. They are more likely to <u>think outside the box</u>. They can make new friends and experience new cultures.
So, I think there are many advantages of providing opportunities for university students to study in foreign countries.

편견을 깬 새로운 생각을 하다

대학생들에게 외국에서 공부할 수 있는 기회를 주는 것에는 몇 가지 장점이 있습니다.
이것을 뒷받침하는 이유가 있습니다. 외국에서 공부할 때, 대학생들은 영감을 얻고 견문을 넓힐 수 있습니다. 그들은 편견을 깬 새로운 생각을 할 가능성이 더 높습니다. 그들은 새로운 친구를 사귈 수 있고 새로운 문화를 경험할 수 있습니다.
그러므로 저는 대학생들에게 외국에서 공부할 수 있는 기회를 주는 것에는 많은 장점이 있다고 생각합니다.

어휘 be inspired 영감을 얻다 | broaden one's horizon 견문을 넓히다 | think outside the box 편견을 깬 새로운 생각을 하다 | make new friends 새로운 친구를 사귀다

Sample Answer 목표 Lev.7-8 🎧 AT_06_Q11_A2

There are some advantages of providing opportunities for university students to study in foreign countries.
I have some reasons and an example to support this. While studying in foreign countries, university students can be inspired and broaden their horizons. They are more likely to think outside the box.
In my case, I have never studied abroad, but I enjoy going on a trip to a new place. A few years ago, I went backpacking to Europe alone. The most memorable city was Paris, France. While traveling there, I could taste local foods such as croissants, onion soup and many others. It was a great pleasure for me to sit back and enjoy people watching. It was the most romantic city I've ever visited.
So, I think there are many advantages of this.

대학생들에게 외국에서 공부할 수 있는 기회를 주는 것에는 몇 가지 장점이 있습니다.
이것을 뒷받침하는 이유와 예시가 있습니다. 외국에서 공부할 때, 대학생들은 영감을 얻고 견문을 넓힐 수 있습니다. 그들은 편견을 깬 새로운 생각을 할 가능성이 더 높습니다.
저의 경우, 외국에서 공부를 한 경험은 없지만, 새로운 장소로 여행 가는 것을 좋아합니다. 몇 년 전에는, 유럽으로 혼자 배낭여행을 떠났습니다. 가장 인상 깊었던 도시는 프랑스의 파리였습니다. 그곳을 여행하면서, 크루아상, 양파 수프 그리고 기타 여러 가지와 같은 지역 음식들을 맛볼 수 있었습니다. 느긋하게 앉아서 사람들 구경을 즐기는 것도 정말 재미있었습니다. 제가 여태껏 방문해본 곳 중에서 가장 로맨틱한 도시였습니다.
그러므로, 저는 이것이 많은 장점이 있다고 생각합니다.

어휘 have never p.p. ~해본 적이 없다 | go backpacking 배낭여행을 가다 | people watching 사람 구경

Actual Test 07

Q1 Sample Answer

Thank you for **sho**pping / at **A**mish **Ma**rket, ↗ / the **be**st grocery store / in the **a**rea. ↘ // **Be**sides the wide se**le**ction, ↗ / we **o**ffer the **lo**west prices ar**ou**nd. ↘ // **Co**me **che**ck out / our newly expanded **de**li section, ↗ / where you can **fi**nd / all **so**rts of **chee**se, ↗ / **me**ats ↗ / and **sa**ndwiches. ↘ // **Ha**ve a nice **da**y. ↘ //

이 지역 최고의 식료품 가게인 아미시 마켓을 이용해 주셔서 감사합니다. 다양한 물품 외에도, 저희는 이 지역에서 최저가로 제공합니다. 저희의 새롭게 확장된 조제 식품 코너를 한번 구경해 보시면, 여기서 모든 종류의 치즈, 고기, 샌드위치를 보실 수 있습니다. 좋은 하루 보내세요.

어휘 wide selection 다양한 집합체 | deli section 조제 식품 코너 | sort 종류

Q2 Sample Answer

Welcome to the instructional **vi**deo / for your new **Jet Series Printer.** ↘ // **Fi**rst, ↗ / **ve**rify / that you **ha**ve a **po**wer cord / and a com**pu**ter cable. ↘ // After you **plu**g in your **ca**bles, ↗ / **tu**rn on your **pri**nter. ↘ // On the printer's dis**pla**y panel, ↗ / make **su**re / you can **see** the primary **se**tup, ↗ / **co**lor settings ↗ / and print options. ↘ // **Fi**nally, ↗ / **do**wnload the **pri**nter software / onto your **ha**rd drive. ↘ //

최신 제트 시리즈 프린터의 교육용 영상을 찾아주신 여러분 반갑습니다. 우선, 전원 코드와 컴퓨터 연결선이 있는지 확인해 주세요. 연결선을 꼽고 나서, 프린터를 켜 주세요. 프린터의 표시판에, 사전 설정, 색상 설정 그리고 인쇄 선택 사항들이 보이는지 확인해 주세요. 마지막으로, 하드 드라이브에 프린터 소프트웨어를 다운로드해 주세요.

어휘 verify 확인하다 | make sure ~임을 확인하다, 반드시 ~하다

Sample Answer

🎧 AT_07_Q3_A

This is a picture of a street.

There are many people in this picture.

In the foreground, a woman is riding a bicycle.

In the middle of this picture, there is an outdoor café.

Some people are dining outside and having a chit-chat. They look relaxed.

In the background of this picture, some tall buildings are lined up. I can also see a few people walking down a street.

Overall, the weather looks beautiful. It must be the perfect day to be outside.

이것은 어느 한 길거리 사진입니다.

사진에는 많은 사람들이 있습니다.

전경에는, 한 여자가 자전거를 타고 있습니다.

사진의 가운데에는, 야외 카페가 있습니다.

몇몇 사람들은 야외에서 식사를 하며 담소를 나누고 있습니다. 그들은 편안해 보입니다.

사진의 배경에는, 일부 고층 건물들이 줄지어서 있습니다. 길을 걷고 있는 몇몇 사람들도 보입니다.

전반적으로, 날씨는 화창해 보입니다. 분명 야외에 있기에 완벽한 날씨일 것입니다.

어휘 outdoor café 야외 카페 | have a chit-chat 담소를 나누다 | be lined up 줄지어 있다, 늘비하다

Sample Answer

AT_07_Q4_A

This is a picture of a room.

There is a couple in this picture. They are using painting rollers. It seems like they are making home improvements. The woman is wearing a checkered shirt and smiling. The man is standing on a ladder and painting the wall.

On the floor, some items are wrapped in plastic. I guess the plastic will keep paint from splattering on things.

On the left side, I can see a table. Some supplies are on the table.

These people look like they are working hard on their home.

이것은 어느 한 방의 사진입니다.

사진에는 한 커플이 있습니다. 그들은 페인트칠용 롤러를 사용하고 있습니다. 그들은 집을 꾸미고 있는 것 같습니다. 여자는 체크무늬 셔츠를 입었고 미소를 짓고 있습니다. 남자는 사다리 위에 서서 벽을 칠하고 있습니다.

바닥에는, 물건들이 비닐에 싸여 있습니다. 제 생각에는 그 비닐이 물건에 페인트가 튀는 것을 방지해 주는 것 같습니다.

왼쪽에는, 테이블이 하나 보입니다. 몇 개의 물품들이 테이블 위에 있습니다.

이 사람들은 집에 열심히 공을 들이고 있는 것 같아 보입니다.

어휘 make home improvements 집을 꾸미다 | be wrapped in plastic 비닐에 싸여 있다 | supplies 물품

Imagine that a US marketing firm is doing research about work preferences. You have agreed to participate in a telephone interview about working environment.

미국의 한 마케팅 회사에서 직장 선호도에 대해 설문 조사를 한다고 가정해 보세요. 당신은 업무 환경에 대한 전화 인터뷰에 응하는 데 동의하였습니다.

Q5

What do you do for a living? If you are a student, what is your major?

직업이 무엇인가요? 학생이라면, 전공이 무엇인가요?

Sample Answer 모범 답안 A ⌒ AT_07_Q5_A1

I am a marketing manager for a tech company. I have been working for 5 years. I love my job.

저는 기술 회사에서 마케팅 매니저로 일하고 있습니다. 5년째 근무 중입니다. 저는 제 직업을 정말 좋아합니다.

어휘 be working for + 현재 근무지 ~에서 근무 중이다

Sample Answer 모범 답안 B ⌒ AT_07_Q5_A2

I am a student and my major is architecture. I am highly interested in designing buildings.

저는 학생이고 건축을 전공하고 있습니다. 저는 건물을 디자인하는 데 관심이 많습니다.

어휘 major 전공 | highly interested in ~에 관심이 많은

Q6

Do you think teamwork is very important to complete a project?

당신은 프로젝트를 완성하는 데 있어서 팀워크가 매우 중요하다고 생각하나요?

Sample Answer ⌒ AT_07_Q6_A

Yes, I think teamwork is very important to complete a project. I can get motivated and people can make great results together.

네, 저는 프로젝트를 완성하는 데 있어서 팀워크가 매우 중요하다고 생각합니다. 저는 동기 부여를 받을 수 있고, 사람들은 함께 훌륭한 결과물들을 만들 수 있습니다.

어휘 get motivated 동기 부여를 받다 | make great results 훌륭한 결과물들을 만들다

Would you prefer to work in an office with big windows or an office which has some partitions?

당신은 큰 창문이 있는 사무실에서 근무하는 것을 선호하나요, 아니면 칸막이가 있는 사무실에서 근무하는 것을 선호하나요?

Sample Answer 모범 답안 A 🎧 AT_07_Q7_A1

I would prefer to work in an office with big windows.
First, I like to see outside when I take a break. I can feel energetic. In addition, feeling sunlight during working hours is important. It can increase productivity.
So, I would prefer to work in an office with big windows.

저는 큰 창문이 있는 사무실에서 근무하는 것을 선호합니다.
우선, 저는 휴식을 취할 때 밖을 보는 것을 좋아합니다. 생동감이 느껴집니다. 게다가, 근무 시간에 햇살을 느끼는 것은 중요합니다. 그것은 생산성을 증진시켜 줄 수 있습니다.
그러므로, 저는 큰 창문이 있는 사무실에서 근무하는 것을 선호합니다.

> **어휘** take a break 휴식을 취하다 | increase productivity 생산성을 증진시키다

Sample Answer 모범 답안 B 🎧 AT_07_Q7_A2

I would prefer to work in an office which has some partitions. I think there are some advantages.
Most of all, I wouldn't get distracted by the others. I can fully concentrate on my work. Next, I can attach some Post-it notes on the partitions. They will remind me of important tasks.
So, I would prefer to work in an office which has some partitions.

저는 칸막이가 있는 사무실에서 근무하는 것을 선호합니다. 저는 그것에 몇 가지 장점이 있다고 생각합니다.
우선, 저는 다른 사람들에 의해 주의가 산만해지지 않을 것입니다. 제 일에 완전히 몰두할 수 있습니다. 다음으로, 칸막이에 포스트잇 종이를 붙일 수 있습니다. 그것은 제게 중요한 업무를 상기시켜 줄 것입니다.
그러므로, 저는 칸막이가 있는 사무실에서 근무하는 것을 선호합니다.

> **어휘** partition 칸막이 | get distracted 주의가 산만해지다 | fully concentrate on ~에 완전히 몰두[집중]하다 | attach 붙이다, 부착하다 | remind + 사람 + of ~ …에게 ~를 상기시켜 주다

Strand Bookstore Book Release Schedule 8 A.M. – 9 P.M. daily			
Release date	Name	Author	Genre
Sept. 10	*Finding Alexei*	Jasmine Smith	Children
Sept. 12	*The Me I Meant to Be*	Sophie Jordan	Mystery
Sept. 16	*The One You Fight For*	Charlee Morris	Self-motivation
Sept. 20	*Wicked Knight*	Kinsley Butler	Mystery
Sept. 29	*A Place Without You*	Richie Richardson	Romance
Oct. 3	*Prisoner of Night*	Ness Peterson	Drama

스트랜드 서점 도서 출간 일정 매일 오전 8시 – 오후 9시			
출간 날짜	제목	작가	장르
9월 10일	*알렉세이를 찾아서*	재스민 스미스	어린이
9월 12일	*나의 운명*	소피 조던	미스터리
9월 16일	*네가 싸워야 할 것*	찰리 모리스	자기 개발
9월 20일	*사악한 기사*	킨슬리 버틀러	미스터리
9월 29일	*네가 없는 곳*	리치 리처드슨	로맨스
10월 3일	*밤의 죄수*	네스 피터슨	드라마

Narration

Hi, I am interested in the book release schedule. Before I visit the bookstore, I want to check some details with you.

안녕하세요, 저는 도서 출간 일정에 관심이 있습니다. 서점을 방문하기 전에, 몇 가지 세부적인 것을 확인하고 싶습니다.

Q8

What are your store hours, and what days of the week are you open?

가게 영업 시간은 어떻게 되고, 무슨 요일에 영업하세요?

Sample Answer   🎧 AT_07_Q8_A

We are open from 8 A.M. to 9 P.M. every day.

저희는 매일 오전 8시부터 오후 9시까지 영업합니다.

어휘   open 형 영업을 하는 동 개업하다

You are not going to have a children's book released soon, are you?

곧 출간 예정인 어린이 도서는 없죠, 그렇죠?

Sample Answer   🎧 AT_07_Q9_A

Yes, we are. On September tenth, a book titled *Finding Alexei* will be released. It was written by Jasmine Smith. The genre is children.

↳ 질문에서 부정문을 사용하였더라도, 답변이 긍정이면 Yes로 답을 합니다.

네. 그렇습니다 (저희는 출간 계획이 있습니다). 9월 10일에 '알렉세이를 찾아서'라는 제목의 책이 출간될 예정입니다. 재스민 스미스 씨에 의해서 쓰여진 책입니다. 어린이 분야 도서입니다.

어휘   titled ~라는 제목의 | written by ~에 의해 쓰여진 | will be released 출시될 예정이다

I am highly interested in mystery novels. Can you give me all the release information on mystery novels?

저는 미스터리 소설에 관심이 많습니다. 미스터리 소설과 관련한 모든 출간 정보를 저에게 일러 주실 수 있나요?

Sample Answer   🎧 AT_07_Q10_A

Sure thing. There are two different mystery novels scheduled to be released. First, on September twelfth, a book titled *The Me I Meant to Be* will be released. It was written by Sophie Jordan. Next, on September twentieth, a book titled *Wicked Knight* will be released. It was written by Kinsley Butler.

물론입니다. 두 가지 다른 소설이 출간되기로 예정되어 있습니다. 우선, 9월 12일에, '나의 운명'이라는 제목의 책이 출시될 예정입니다. 소피 조던 씨에 의해 쓰여졌습니다. 다음으로, 9월 20일에 '사악한 기사'라는 제목의 책이 출시될 예정입니다. 킨슬리 버틀러 씨에 의해 쓰여졌습니다.

Before making an important decision, would you like to ask for advice from your friends? Why or why not? Support your opinion with specific reasons and examples.

당신은 중요한 의사 결정을 내리기에 앞서, 친구에게 조언을 구하시겠습니까? 왜 그런가요? 아니라면 왜 아닌가요?
구체적인 이유와 예시를 들어 본인의 의견을 뒷받침해 보세요.

Sample Answer 목표 Lev.5-6　　　　　　　　　　　🎧 AT_07_Q11_A1

Before making an important decision, I would like to ask for advice from my friends.
I have some reasons to support this. My friends always support me and wish me luck. Since they know me well, they can give me good advice. I am more likely to make a smart decision.
So, before making an important decision, I would like to ask for advice from my friends.

중요한 의사 결정을 내리기에 앞서, 저는 친구들에게 조언을 구하고 싶습니다.
이것을 뒷받침하는 이유가 있습니다. 저의 친구들은 항상 저를 응원해 주고 행운을 빌어 줍니다. 그들은 저를 잘 알고 있기 때문에, 저에게 좋은 조언을 해줄 수 있습니다. 저는 현명한 결정을 내릴 가능성이 더 높습니다.
그러므로, 중요한 의사 결정을 내리기에 앞서, 친구들에게 조언을 구하고 싶습니다.

> **어휘** ask for advice 조언을 구하다 | wish + 사람 + luck ~의 행운을 빌다 | make a smart decision 현명한 결정을 내리다

Sample Answer 목표 Lev.7-8　　　　　　　　　　　🎧 AT_07_Q11_A2

Before making an important decision, I would like to ask for advice from my friends.
I have some reasons to support this. My friends always support me and wish me luck. Since they know me well, they can give me good advice.
For example, I have a best friend named ▨▨▨▨.
He has a great sense of humor and knows me inside out. A few weeks ago, I was looking for a place to live. My friend rolled up his sleeves and helped me out. I looked around several places while speaking with him. Finally, I found the perfect one.
So, I think there are many advantages of this.

중요한 의사 결정을 내리기에 앞서, 친구들에게 조언을 구하고 싶습니다.
이것을 뒷받침하는 몇 가지 이유가 있습니다. 친구들은 저를 응원해주고, 행운을 빌어 줍니다. 그들은 저를 잘 알고 있으므로, 저에게 좋은 조언을 줄 수 있습니다.
예를 들어, 제게는 ▨▨▨▨(이)라는 가장 친한 친구가 있습니다. 그는 유머 감각도 뛰어나고 저를 속속들이 알고 있습니다. 몇 주 전에, 저는 주거할 곳을 찾고 있었습니다. 제 친구는 소매를 걷어붙이고 저를 도와주었습니다. 그와 대화를 나누며 몇 군데를 둘러보았습니다. 마침내, 완벽한 곳을 찾았습니다.
그래서, 이것에는 많은 장점이 있다고 생각합니다.

> **어휘** sense of humor 유머 감각 | roll up one's sleeves 소매를 걷어붙이다

Actual Test 08

Q1 Sample Answer

AT_08_Q1_A

Thank you for at**t**ending / **Cho**ice Hotel Emplo**y**ee **Ba**nquet. ↘ // To**ni**ght, ↗ / we **ha**ve a packed **sche**dule. ↘ // We will **hea**r / a **ke**ynote speech / by Kimberley S**wa**nson, ↗ / the President, ↗ / and then we will give **ou**t emplo**y**ee awards / and **wa**tch a corporate **vi**deo. ↘ // It's **ti**me to st**a**rt / with the first **se**ssion, ↗ / so pl**ea**se be s**ea**ted. ↘ //

초이스 호텔의 직원 연회에 참석해 주셔서 감사합니다. 오늘 밤, 저희는 많은 일정이 있습니다. 킴벌리 스완슨 회장님의 기조 연설을 듣고 나서, 직원 상을 수여할 것이며, 기업 비디오를 감상하시겠습니다. 이제 첫 번째 순서를 시작하므로, 착석해 주시기 바랍니다.

어휘 banquet 연회 | give out awards 상을 나눠주다, 수여하다

Q2 Sample Answer

AT_08_Q2_A

Welcome / to today's e**pi**so**de** of **Ho**usekee**pi**ng Tips. ↘ // To **kee**p your **ho**use **ne**at and clean, ↗ / you must **pe**riodically get **ri**d of / old and unused **fu**rniture. ↘ // Did you **kno**w / that the old **fu**rniture / can be re**cy**cled? ↗ // For e**xa**mple, ↗ / your old **ta**bles, ↗ / **so**fas ↗ / and **be**ds ↗ / can **all** be re**cy**cled. ↘ // Stay **tu**ned / for more **de**tails / related to this **to**pic. ↘ //

〈집안 가꾸기 팁〉 오늘의 방송에 오신 여러분을 환영합니다. 여러분의 집을 깔끔하고 깨끗하게 유지하기 위해서는, 반드시 오래되고 사용하지 않는 가구를 주기적으로 버려야 합니다. 오래된 가구도 재활용될 수 있다는 사실을 알고 계셨나요? 예를 들어, 여러분이 가지고 계신 오래된 테이블이나, 소파, 침대 모두 재활용될 수 있습니다. 이 주제와 관련된 더 많은 자세한 정보를 들으시려면 주파수를 고정해 주세요.

어휘 periodically 주기적으로, 정기적으로 | get rid of 제거하다, 버리다 | stay tuned 주파수를 고정하다

Sample Answer

🎧 AT_08_Q3_A

This is a picture of a construction site.

There are two workers in this picture. They are wearing safety helmets and safety vests. It looks like they are checking out something together.

The man on the left side is holding a tablet PC and using it. The other man is talking on the phone.

In the background of this picture, a lot of scaffolds are standing. Some wooden materials are stacked up.

At the upper side, the sky is clear.

Overall, people look serious.

이것은 어느 한 공사 현장의 사진입니다.

사진에 두 명의 근로자들이 있습니다. 그들은 안전모와 안전 조끼를 착용하고 있습니다. 같이 무언가를 확인하고 있는 것 같습니다.

왼쪽에 있는 남자는 태블릿 피시를 들고 사용하고 있습니다. 다른 남자는 전화 통화 중입니다.

사진의 배경에는, 많은 비계들이 세워져 있습니다. 약간의 목자재가 쌓여 있습니다.

위쪽으로는, 하늘이 맑습니다.

전반적으로, 사람들은 심각해 보입니다.

어휘   construction site 공사 현장 | safety helmet 안전모 | safety vest 안전 조끼

Sample Answer

🎧 AT_08_Q4_A

This is a picture of a parking lot.

There is a family in this picture.

In the middle, a woman is standing behind the car. She has long black hair. She is holding a cup and loading some items into the trunk of the car.

Behind her, a man is holding a baby in his arm.

Beside them, I can see a shopping cart.

In the background, many cars are parked. It seems like there are a lot of stores, so it is probably a shopping mall.

Overall, it looks like a busy Saturday morning.

이것은 어느 한 주차장의 사진입니다.

사진에는 한 가족이 있습니다.

가운데에는, 여자가 자동차 뒤에 서 있습니다. 그녀는 길고 까만 머리를 가졌습니다. 컵을 쥐고 있으면서 동시에 자동차 트렁크에 물건을 싣고 있습니다.

그녀 뒤에는, 남자가 팔에 아기를 안고 있습니다.

그들 옆에는, 쇼핑 카트가 보입니다.

배경에는, 많은 차들이 주차되어 있습니다. 매장이 많은 것으로 보아, 아마도 쇼핑몰 같습니다.

전반적으로, 분주한 토요일 아침인 듯합니다.

어휘   load (짐을) 싣다 | hold someone in one's arm 팔에 ~를 안다

Imagine that you are talking on the phone with your friend. Your friend is asking about a book club.

당신이 친구와 통화 중이라고 가정해 보세요. 당신의 친구는 독서 동아리에 관해 묻고 있습니다.

Q5

Where is the best place in your area to hold a book club meeting? Why?

너희 지역에서 독서 동아리 모임을 갖기에 가장 좋은 장소는 어디야? 왜?

Sample Answer

🎧 AT_08_Q5_A

I think a café is the best place to hold a book club meeting because the atmosphere of the café is nice. People can have a conversation while feeling at ease.

나는 카페가 독서 동아리 모임을 갖기에 가장 좋은 장소라고 생각하는데, 왜냐하면 카페의 분위기가 좋거든. 사람들은 편안하게 대화를 할 수 있어.

편안하게, 긴장을 풀고

어휘 atmosphere 분위기 | feel at ease 마음이 편안하다

Q6

How long would be appropriate for a book club to have a meeting? Why?

독서 동아리 모임을 가지는 데 어느 정도의 시간이 적절할까? 왜?

Sample Answer

🎧 AT_08_Q6_A

I think one hour would be appropriate for a book club to have a meeting because most people have tight schedules. They don't have much time to have a meeting.

나는 독서 동아리 모임을 가지는 데 한 시간이 적절할 것 같다고 생각하는데, 왜냐하면 대부분의 사람들은 일정이 바쁘거든. 그들은 모임을 가질 시간이 많지 않아.

어휘 appropriate 적절한 | tight schedule 바쁜 일정

Do you think high school students should be encouraged to join a book club? Why or why not?

너는 고등학생들이 독서 동아리에 가입하도록 권장되어야 한다고 생각해? 왜? 아니라면 왜 아닌 거니?

Sample Answer

🎧 AT_08_Q7_A

Yes, I think that is a good idea.
First, students can get motivated and they can spend quality time together. Next, students can get inspired and become more knowledgeable.
So, I think high school students should be encouraged to join a book club.

응, 나는 그것이 좋은 생각인 것 같아.
우선, 학생들은 동기 부여가 되고 의미 있는 시간을 함께 보낼 수 있어. 다음으로, 학생들은 영감을 얻고 더 많은 지식을 쌓을 수도 있지.
그래서, 나는 고등학생들이 독서 동아리에 가입하도록 권장되어야 한다고 생각해.

어휘   get motivated 동기 부여 되다 | get inspired 영감을 얻다 | more knowledgeable 더 많은 지식을 갖춘

Sections Bookstore Interview Schedule March 23, Conference Room 105B			
Time	Job applicant	Position	Current Workplace
9:00 –9:30 A.M.	Cynthia Lopez	Cashier	Powell's City of Books
9:30 – 10:00 A.M.	Amy Anderson	~~Retail associate~~ *Canceled*	City Lights
10:00 – 10:30 A.M.	Gary Moore	Assistant cashier	Book People
10:30 – 11:00 A.M.	Christine Williams	Store Support team member	Skylight Books
1:00 – 1:30 P.M.	Jean Diaz	Retail associate	None
1:30 –2:00 P.M.	Justin Perez	Assistant cashier	The Book Train

섹션스 서점 면접 일정표 3월 23일, 회의실 105B			
시간	입사 지원자	직책	현재 직장
오전 9시 – 9시 30분	신시아 로페즈	계산원	포웰의 책의 도시
오전 9시 30분 – 10시	에이미 앤더슨	소매점 직원 *취소됨*	도시의 조명
오전 10시 – 10시 30분	게리 무어	보조 계산원	책과 사람들
오전 10시 30분 – 11시	크리스틴 윌리엄스	매장 지원 팀원	채광과 도서
오후 1시 – 1시 30분	진 디아즈	소매점 직원	없음
오후 1시 30분 – 2시	저스틴 퍼레즈	보조 계산원	도서 열차

Narration

Hi, I work in the HR department at Sections Bookstore. I am interviewing a few applicants for some open positions on March 23rd, but I seem to have lost my interview schedule. Can I ask you a few questions regarding the schedule?

안녕하세요, 저는 섹션스 서점의 인사과에 근무하고 있습니다. 제가 3월 23일에 공석 관련하여 몇 명의 지원자와 면접을 보는데요, 그런데 제가 면접 일정표를 잃어버린 것 같습니다. 일정표와 관련해서 몇 가지 질문을 해도 될까요?

Q8

In which room will the interviews take place? Who am I interviewing first?

어느 방에서 면접이 진행되나요? 제가 누구를 가장 먼저 면접을 보나요?

Sample Answer 🎧 AT_08_Q8_A

The job interviews will take place in room 105B. From 9 to 9:30 A.M. there will be an interview with Cynthia Lopez.

입사 면접은 105B호에서 이루어질 예정입니다. 오전 9시부터 9시 30분까지, 신시아 로페즈 씨와의 면접이 있을 것입니다.

어휘 take place 일어나다, 발생하다

As far as I know, there are two candidates scheduled for the retail associate position. Am I right?

제가 알기로는, 소매점 직원 자리에 예정된 두 명의 후보자가 있어요. 맞나요?

Sample Answer   🎧 AT_08_Q9_A

No, actually not. Two interviews were scheduled for a retail associate position. But one of them has been canceled.

아니요, 사실 그렇지 않습니다. 소매점 직원 자리를 위한 두 명의 면접이 예정되어 있었습니다. 하지만 그중에 하나는 취소되었습니다.

We urgently need assistant cashiers. Can you tell me in detail about the applicants applying for the assistant cashier position?

저희는 급하게 보조 계산원이 필요합니다. 보조 계산원 자리에 지원하는 지원자들에 관해 제게 자세히 말씀해 주실 수 있나요?

Sample Answer   🎧 AT_08_Q10_A

Of course. There are two applicants applying for an assistant cashier position. First, from 10 to 10:30 A.M. there will be an interview with Gary Moore from Book People. Next, from 1:30 to 2 P.M. there will be an interview with Justin Perez from The Book Train.

물론입니다. 보조 계산원 자리에 지원하는 두 명의 지원자가 있습니다. 우선, 오전 10시부터 10시 30분까지, 책과 사람들에 다니고 있는 게리 무어 씨와의 면접이 있을 예정입니다. 다음으로, 오후 1시 30분부터 2시까지, 도서 열차에 근무 중인 저스틴 퍼레즈 씨와의 면접이 있을 예정입니다.

Q11

When learning about a new hobby, do you like to learn it by reading a book or by taking a class with a professor? Why?
Support your opinion with specific reasons and examples.

새로운 취미를 배울 때, 당신은 책을 읽음으로써 배우기를 원하나요, 아니면 교수님의 수업을 수강함으로써 배우기를 원하나요? 왜 그런가요?
구체적인 이유와 예시를 들어 본인의 의견을 뒷받침해 보세요.

Sample Answer　목표 Lev.5-6　 AT_08_Q11_A1

When learning about a new hobby, I like to learn it by reading a book.
I have some reasons to support this. By reading a book, I can gain secondhand experience. I can be more knowledgeable and use my own imagination. When I read a printed book, I can fully focus on the contents.
So, when learning about a new hobby, I like to learn it by reading a book.

새로운 취미를 배울 때, 저는 책을 읽음으로써 배우고 싶습니다.
이것을 뒷받침하는 이유가 있습니다. 책을 읽음으로써, 저는 간접 경험을 얻을 수 있습니다. 저는 더 많은 지식을 쌓을 수 있고 저만의 상상력을 발휘할 수 있습니다. 인쇄된 책을 읽을 때, 그 내용에 완전히 집중할 수 있습니다.
그러므로, 새로운 취미를 배울 때, 저는 책을 읽음으로써 배우고 싶습니다.

어휘 secondhand experience 간접 경험 | use my own imagination 저만의 상상력을 발휘하다 | fully focus on ~에 완전히 집중하다

Sample Answer　목표 Lev.7-8　AT_08_Q11_A2

When learning about a new hobby, I like to learn it by reading a book.
I have some reasons and an example to support this. By reading a book, I can gain secondhand experience. I can be more knowledgeable and use my own imagination.
For example, last year I got interested in watching baseball games. At first, I was very confused. So, I bought a book about baseball games which consisted of simple baseball rules. By reading a book, I could understand the layout of the baseball field, the meaning of the strike zone and the importance of pitchers. Nowadays, I am so wrapped up in watching baseball games as my hobby.
So, I like to learn it by reading a book.

새로운 취미를 배울 때, 저는 책을 읽음으로써 배우고 싶습니다.
이것을 뒷받침하는 이유와 예시가 있습니다. 책을 읽음으로써, 저는 간접 경험을 할 수 있습니다. 더 많은 지식을 쌓을 수 있고 저만의 상상력을 발휘할 수 있습니다.
예를 들어, 작년에 저는 야구 경기 관람에 관심이 생겼습니다. 처음에는, 매우 혼란스러웠습니다. 그래서, 저는 간단한 야구 규칙들로 구성된 야구 경기에 관한 책을 구매하였습니다. 책을 읽음으로써, 야구장의 구조, 스트라이크 존의 의미와 투수의 중요성에 대해 알게 되었습니다. 요즘에는, 취미 생활로 야구 경기 관람에 정말 푹 빠져 있습니다.
그러므로, 저는 책을 읽음으로써 배우고 싶습니다.

TIP
독서 관련 질문이 자주 출제되므로 독서의 장점과 관련된 어휘를 미리 준비해 가는 것이 좋습니다.

어휘 get interested in ~에 관심을 갖다 | confused 혼란스러운, 어려운 | consist of ~로 구성되다 | be wrapped up in ~에 푹 빠지다

Actual Test 08

Actual Test 09

Q1 Sample Answer

🎧 AT_09_Q1_A

To **celebrate** its **20**th **anniver**sary, ↗ / our **re**staurant is **of**fering / free **gif**ts for any **cus**tomers / who **dine he**re. ↘ // This e**ven**t will be **held** / from **Au**gust **31**st to September **5**th. ↘ // You can en**joy** / free **des**serts, ↗ / such as **ca**kes, ↗ / **ice** cream ↗ / or **drin**ks. ↘ // Our **re**staurant is lo**ca**ted / on First **Street**. ↘ // For a pleasant **di**ning experience / with **lo**ved **ones**, ↗ / **come vi**sit us! ↘ //

가족, 친구, 연인 등 사랑하는 사람들

창립 20주년을 기념하여, 저희 식당은 식사하시는 모든 손님분들께 무료 선물을 제공하고 있습니다. 이 행사는 8월 31일부터 9월 5일까지 개최됩니다. 케이크나, 아이스크림 또는 음료와 같은 무료 디저트를 즐기실 수 있습니다. 저희 식당은 퍼스트 스트리트에 위치하고 있습니다. 사랑하는 사람과의 즐거운 식사를 위해, 저희를 방문해 주세요!

어휘 celebrate 기념하다 | anniversary 기념일 | loved ones 사랑하는 사람들

Q2 Sample Answer

🎧 AT_09_Q2_A

Thank you for **cal**ling / Smart Financial. ↘ // Our **firm** / has been **ser**ving the com**mu**nity / with ac**co**unting, ↗ / fi**nan**cial ↗ / and in**ves**tment services / for over **five** decades. ↘ // Unfortunately, ↗ / the **of**fice is **clo**sed now. // If you are **in**terested in our **ser**vices, ↗ / **plea**se **boo**k a **ti**me / with an as**so**ciate. ↘ // To **boo**k a **ti**me, ↗ / **plea**se **press one no**w / and **lea**ve your **na**me / and **pho**ne number. ↘ //

스마트 파이낸셜에 전화 주셔서 감사합니다. 저희 회사는 50년도 넘게 지역 사회에 회계, 재정 그리고 투자 서비스와 관련하여 도움을 드리고 있습니다. 안타깝게도, 현재 사무실은 문을 닫았습니다. 저희 서비스에 관심이 있으시다면, 직원분과 함께 시간을 예약해 주세요. 시간을 예약하기 위해서는, 지금 1번을 누르시고 이름과 전화번호를 남겨 주세요.

어휘 decade 10년 | book a time 시간을 예약하다 | associate 명 직원

Sample Answer

AT_09_Q3_A

This is a picture of a farm.

There are some young people in this picture.

On the left side, a woman wearing a hat is carrying a box.

One man on the right side is crouching down on the ground.

Next to him, I can see a woman holding a rake.

On the ground, many crops are planted.

In the background, I can see some mountains.

Overall, the weather looks great, and people are working hard.

어휘 crouching down 쭈그려 앉아 있는 | crop (농)작물

이것은 어느 한 농장의 사진입니다.

사진에 몇몇의 젊은 친구들이 있습니다.

왼쪽에는, 모자를 착용한 여자가 박스를 나르고 있습니다.

오른쪽에 있는 남자는 땅에 쭈그려 앉아 있습니다.

그 남자 옆에는, 갈퀴를 들고 있는 여자가 보입니다.

땅에는, 많은 작물들이 심어져 있습니다.

배경에는, 산이 보입니다.

전반적으로, 날씨는 매우 좋아 보이고, 사람들은 열심히 일을 하고 있습니다.

Q4

Sample Answer 🎧 AT_09_Q4_A

This is a picture of a clothing store.

There is a couple in this picture. I think they are shopping for the man's clothes.

The woman is holding the hangers in her hands and showing the outfits to the man. She has a ponytail and is looking at the man. The man is touching the cloth.

In the background, many items are displayed on some shelves and racks.

Overall, this couple looks cute.

이것은 어느 한 옷 가게의 사진입니다.

사진에는 한 커플이 있습니다. 제 생각에 그들은 남자의 옷을 사고 있는 것 같습니다.

여자는 옷걸이를 손에 쥐고 남자에게 옷을 보여 주고 있습니다. 그녀는 포니테일을 하고 있고 남자를 바라보고 있습니다. 남자는 천을 만져보고 있습니다.

배경에는, 많은 물건들이 선반과 옷걸이에 진열되어 있습니다.

전반적으로, 이 커플은 귀여워 보입니다.

어휘 shop for ~를 사다 | hanger 옷걸이

Imagine that a US marketing firm is doing research in your area. You have agreed to participate in a telephone interview about a souvenir shop.

미국의 한 마케팅 회사가 당신의 지역에서 설문 조사를 하고 있다고 가정해 보세요. 당신은 기념품 가게와 관련하여 전화 인터뷰에 응하기로 동의하였습니다.

Q5

When was the last time you bought a souvenir and where did you buy it?

가장 최근에 기념품을 산 적이 언제고, 어디에서 샀나요?

Sample Answer

🎧 AT_09_Q5_A

The last time I bought a souvenir was 2 years ago. I bought it at a gift shop. I bought some chocolate for my mother. She loved it.

가장 최근에 기념품을 산 때는 2년 전입니다. 선물 가게에서 샀습니다. 어머니를 위해 초콜릿을 구매하였습니다. 어머니는 그것을 아주 좋아하셨습니다.

어휘 souvenir 기념품 | gift shop 선물 가게

Q6

Do you usually buy a souvenir for your friends or family when you are on a trip?

당신은 보통 여행 중에 친구나 가족을 위한 기념품을 구매하나요?

Sample Answer

🎧 AT_09_Q6_A

Yes, I usually buy a souvenir for my family when I am on a trip. I can share my feelings and talk about the new culture.

네, 저는 보통 여행 중에 가족을 위한 기념품을 구매합니다. 제가 느꼈던 감정을 공유할 수 있고 새로운 문화에 대해 이야기해 볼 수 있습니다.

어휘 be on a trip 여행 중이다 | share 공유하다

Which one would you be more likely to buy at a gift shop as a souvenir?
- Postcards
- Food products
- Artwork

당신은 선물 가게에서 기념품으로 어떤 것을 살 가능성이 더 많습니까?
- 엽서
- 식품
- 예술품

Sample Answer

AT_09_Q7_A

I would be more likely to buy postcards at a gift shop as a souvenir.

I have two reasons for this. First, it is cost-effective. Since I have a tight budget, I can't afford to buy an expensive one. Next, I can show the landmark of the city to friends. I can share my feelings and talk about the new culture.

Therefore, I would be more likely to buy postcards.

저는 선물 가게에서 기념품으로 엽서를 살 가능성이 더 많습니다.

이것에 관한 2가지 이유가 있습니다. 우선, 그것은 비용 대비 효율적입니다. 저는 예산이 빠듯해서, 비싼 것을 살 여력이 없습니다. 다음으로, 친구들에게 그 도시의 역사적인 장소를 보여줄 수 있습니다. 제가 느꼈던 것을 공유할 수 있고 새로운 문화에 대해 이야기해 볼 수 있습니다.

그러므로, 저는 엽서를 살 가능성이 더 많습니다.

어휘 be more likely to do ~할 가능성이 더 많다 | cost-effective 비용 대비 효율적인 | landmark (역사적인) 장소, 지표

Best Hawaiian Travel Package
Trip Itinerary
October 28th – 30th

Oct 28	3:30 – 4:30 P.M.	Welcome and Introduction
	5:00 – 7:00 P.M.	Dinner: Beachside restaurant
	7:00 – 9:00 P.M.	Night activity: Hula Performance
Oct 29	2:00 – 5:00 P.M.	Cruise tour: Famous Bay
	5:00 – 7:00 P.M.	Dinner: Royal Hawaiian restaurant
Oct 30	10:00 – 11:30 A.M.	Shopping: Pearl City shopping center
	Noon – 1:30 P.M.	Lunch: Moena café
	6:00 – 8:00 P.M.	Cruise tour: Maui

최고의 하와이 여행 패키지
여행 일정
10월 28일 – 30일

10월 28일	오후 3시 30분 – 4시 30분	환영과 소개
	오후 5시 – 7시	저녁: 비치사이드 식당
	오후 7시 – 9시	야간 활동: 훌라 공연
10월 29일	오후 2시 – 5시	크루즈 여행: 파모스 만
	오후 5시 – 7시	저녁: 로얄 하와이안 식당
10월 30일	오전 10시 – 11시 30분	쇼핑: 펄 시티 쇼핑 센터
	정오 – 오후 1시 30분	점심: 모에나 카페
	오후 6시 – 8시	크루즈 여행: 마우이

Narration

Hi, I am scheduled to go on the Best Hawaiian Travel Package tour this month, as hosted by your company. I received a copy of the tour schedule, but I accidentally deleted it. Can you answer a few questions for me?

안녕하세요, 이번 달에 귀사에서 주최하는 '최고의 하와이 여행 패키지' 투어를 이용할 예정입니다. 제가 여행 일정을 받았는데, 실수로 지워버렸습니다. 몇 가지 질문에 답해 주실 수 있나요?

Q8

What date does the tour begin and end?

언제 여행이 시작하고 끝나나요?

Sample Answer

🎧 AT_09_Q8_A

The tour will begin on October twenty-eighth and end on October thirtieth.

여행은 10월 28일에 시작하고 10월 30일에 끝납니다.

↳ 서수에서 10을 제외하고 20부터 10의 단위마다 모음이 들어간 발음으로 표현됩니다.

EX | twentieth /트웬니어-쓰/, thirtieth /써뤼어-쓰/

Q9

I heard that we're going to watch the fire dance as a night activity on the first day. Am I right?

제가 듣기로, 첫째 날 야간 활동으로 불 춤을 감상할 것이라고 알고 있어요. 맞나요?

Sample Answer

AT_09_Q9_A

Well, I think you got the wrong information. From 7 to 9 P.M. on October twenty-eighth, you will watch the Hula performance as a night activity.

음, 잘못된 정보를 갖고 계신 것 같습니다. 10월 28일 오후 7시부터 9시까지, 야간 활동으로 훌라 공연을 감상할 예정입니다.

어휘 watch 감상하다

Q10

Can you tell me in detail about the cruise tours that are included in the package?

패키지에 포함된 크루즈 여행 관련하여 제게 자세히 말해 주실 수 있나요?

Sample Answer

AT_09_Q10_A

Sure. There are two cruise tours scheduled. First, from 2 to 5 P.M. on October twenty-ninth, you will go on a cruise tour of Famous Bay. Next, from 6 to 8 P.M. on October thirtieth, you will go on a cruise tour of Maui.

물론입니다. 2개의 크루즈 여행이 예정되어 있습니다. 우선, 10월 29일 오후 2시부터 5시까지, 파모스 만으로 크루즈 여행을 갑니다. 그 다음으로, 10월 30일 오후 6시부터 8시까지, 마우이로 크루즈 여행을 갑니다.

어휘 go on a tour 여행을 가다, 유람 길에 오르다

When traveling a long distance, some people like to use public transportation. Others like to drive their own vehicles. Which do you prefer? Why?
Support your opinion with specific reasons and examples.

먼 거리를 이동할 때, 몇몇 사람들은 대중교통을 이용하는 것을 좋아합니다. 다른 사람들은 자가운전을 좋아합니다. 당신은 어느 것을 선호하나요? 왜 그런가요?
구체적인 이유와 예시를 들어 본인의 의견을 뒷받침해 보세요.

Sample Answer   목표 Lev.5-6   🎧 AT_09_Q11_A1

When traveling a long distance, I like to use public transportation.
I have some reasons to support this. Saving the environment is very important. It is easier than recovering a damaged environment. We should protect our environment for our children.
Therefore, when traveling a long distance, I like to use public transportation.

먼 거리를 이동할 때, 저는 대중교통을 이용하는 것을 좋아합니다.
이것을 뒷받침하는 이유가 있습니다. 환경을 보호하는 것은 매우 중요합니다. 이것이 손상된 환경을 회복하는 것보다 더 쉬운 일입니다. 우리 아이들을 위해서 환경을 보호해야 합니다.
그러므로, 먼 거리를 이동할 때, 대중교통을 이용하는 것을 좋아합니다.

어휘 environment 환경 | recover 회복하다 | protect 보호하다

Sample Answer   목표 Lev.7-8   🎧 AT_09_Q11_A2

When traveling a long distance, I like to use public transportation.
I have some reasons and an example to support this. Saving the environment is very important. It is easier than recovering a damaged environment.
For example, I always commute to work by bus. My city is equipped with a great subway system and bus-only lanes. By using a bus, I can avoid traffic jams and be on time. In addition, I can be on board with reducing air pollution. Nowadays, global warming is a serious issue. I think more and more people should use public transportation for the next generation.
Therefore, I like to use public transportation.

먼 거리를 이동할 때, 대중교통을 이용하는 것을 좋아합니다.
이것을 뒷받침하는 이유가 있습니다. 환경을 보호하는 것은 매우 중요합니다. 이것이 손상된 환경을 보호하는 것보다 더 쉬운 일입니다.
예를 들어, 저는 버스로 통근을 합니다. 우리 도시에는 우수한 지하철 시스템과 버스 전용 노선이 갖추어져 있습니다. 버스를 이용함으로써, 교통 체증을 피할 수 있고, 제시간에 도착할 수 있습니다. 게다가, 공기 오염을 줄이는 데 동참할 수 있습니다. 요즘에, 지구 온난화가 심각한 문제입니다. 저는 더욱더 많은 사람들이 다음 세대를 위해서 대중교통을 이용해야 한다고 생각합니다.
그러므로, 저는 대중교통을 이용하는 것을 좋아합니다.

TIP
대중교통, 재활용 등의 이슈가 자주 출제되는데, 이러한 이슈를 환경 문제로 연결지어 답변을 준비해도 좋습니다.

어휘 commute 통근하다 | be equipped with ~을 갖추고 있다 | be on board 동참[합류]하다, 대세의 흐름과 함께하다 | more and more 더욱 더 많은

Actual Test 10

Q1 Sample Answer

Are you **in**terested in **ma**king **pro**gress / in your **ca**reer / but have to **wo**rk / during the **da**y? ↗ // Then **Ci**ty College's new online **cou**rses are **pe**rfect / for **yo**u! ↘ // We are **of**fering various **pro**grams / for your **ba**chelor's, ↗ / **ma**ster's, ↗ / or **do**ctoral de**gree**. ↘ // For more **de**tails / on the available **pro**grams, ↗ / **plea**se **vi**sit the **co**llege website / or **ca**ll and re**que**st a **bro**chure. ↘ //

혹시 경력 개발에 관심이 있지만 낮 동안에 일을 해야 하나요? 그렇다면 시립 대학의 새로운 온라인 수업이 당신에게 딱입니다! 저희는 학사, 석사, 박사 학위 관련하여 다양한 프로그램을 제공하고 있습니다. 이용 가능한 프로그램 관련하여 더 자세한 정보를 원하시면, 대학 웹 사이트를 방문하시거나, 전화하셔서 안내 책자를 요청하세요.

어휘 make progress 나아가다, 발전하다 | bachelor 학사 | master 석사 | doctor 박사 | degree 학위

Q2 Sample Answer

You've **rea**ched / **Gree**nville Co**mmu**nity **Cen**ter. ↘ // If you want to **kno**w **mo**re / about scheduled e**ven**ts, ↗ / upcoming outdoor ac**ti**vities ↗ / or ongoing **clas**ses, ↗ / **plea**se press 'one'. ↘ // To re**ser**ve / one of our e**ven**t rooms, ↗ / press 'two'. ↘ // Or re**main** on the **line** / to be con**nec**ted to the a**sso**ciate. ↘ //

↳ (수화기를 들고) 기다리다

그린빌 지역 문화 센터입니다. 예정된 행사나, 앞으로 있을 야외 활동 또는 계속 진행하고 있는 수업에 대해 더 알고 싶으시다면, '1번'을 눌러 주세요. 저희 이벤트 방 중 한 곳을 예약하시려면, '2번'을 눌러 주세요. 혹은 직원과의 연결을 원하신다면 수화기를 들고 기다려 주세요.

어휘 ongoing 계속 진행 중인 | remain on the line (수화기를 들고) 기다리다

Q3

Sample Answer

🎧 AT_10_Q3_A

This is a picture of a train station.

There are many people in this picture.

On the right side, a yellow train has arrived.

In the middle, some people are getting on the train.

One man in the foreground has blond hair. He is wearing a backpack.

Behind him, a woman is standing in line.

At the upper side, a departure board is hanging on a wall.

Overall, people look busy, and this station is crowded with people.

어휘 departure board 출발 안내 전광판

이것은 어느 한 기차역의 사진입니다.

사진에는 많은 사람들이 있습니다.

오른쪽에는, 노란색 열차가 도착해 있습니다.

가운데에는, 몇몇 사람들이 열차에 타고 있습니다.

전경의 한 남자는 금발 머리입니다. 그는 배낭을 메고 있습니다.

그의 뒤에는, 여자가 줄을 서 있습니다.

위쪽에는, 출발 안내 전광판이 벽에 걸려 있습니다.

전반적으로, 사람들은 분주해 보이고, 기차역은 사람들로 붐빕니다.

Sample Answer

🎧 AT_10_Q4_A

This is a picture of a laboratory.

There are some people in this picture. All of them are wearing lab coats and doing some experiments together. One man is bending forward and looking into the microscope. Another man is holding a binder. I think he is taking notes.

In the background, one woman has blond hair and is staring at something.

On the table, I can see some laboratory machines, tools and so on.

Overall, people look serious.

이것은 어느 한 실험실의 사진입니다.

사진에 몇몇 사람들이 있습니다. 모두 실험복을 입고 있고 함께 실험을 하고 있습니다. 한 남자는 몸을 앞으로 숙이고 현미경 안을 들여다보고 있습니다. 다른 한 남자는 서류철을 들고 있습니다. 제 생각에 그는 필기를 하고 있는 듯합니다.

배경에는, 금발 머리의 한 여자가 무언가를 응시하고 있습니다.

테이블 위에는, 실험용 기계, 도구 등이 보입니다.

전반적으로, 사람들은 진지해 보입니다.

어휘　look into the microscope 현미경 안을 들여다보다 | binder 서류철

Imagine that you are talking on the phone with your friend. Your friend is asking you about donating money to organizations.

당신이 친구와 통화 중이라고 가정해 보세요. 당신의 친구는 단체에 돈을 기부하는 것에 대해 묻고 있습니다.

Q5

How often do you make a donation to organizations? What kind of organization do you most often make a donation to?

단체에 얼마나 자주 기부를 하니? 어떤 종류의 단체에 주로 기부를 하니?

Sample Answer　　　　　　　　　　　🎧 AT_10_Q5_A

I make a donation to organizations from time to time. I mostly make a donation to UNICEF. It motivates me.

나는 단체에 가끔 기부를 해. 주로 '유니세프'에 기부를 하지. 동기 부여가 돼.

↳ UNICEF 외에 environmental organization(환경 단체),
an organization for child care(어린이 재단)
등과 같이 다른 종류의 기관을 언급할 수도 있습니다.

어휘 make a donation 기부하다 | from time to time 가끔, 때때로 | UNICEF(United Nations International Children's Emergency Fund) 유니세프, 유엔 국제 아동 긴급 기금

Q6

Which way would be a better way for organizations to advertise donation campaigns: TV advertisements or Internet advertisements? Why?

단체들이 기부 캠페인을 선전하기에 어느 방법이 더 좋을까? TV 광고 아니면 인터넷 광고? 왜?

Sample Answer　　　　　　　　　　　🎧 AT_10_Q6_A

I think Internet advertisements would be a better way for organizations to advertise donation campaigns. Because these days, many people carry around smartphones.

나는 인터넷 광고가 단체들이 기부 캠페인을 선전하기에 더 좋다고 생각해. 요즘에는, 많은 사람들이 스마트폰을 소지하고 다니니깐.

어휘 carry around 소지하고 다니다

Which of the following organizations would you prefer to make donations to? Why?
- Art museums
- Health organizations
- Environmental organizations

다음 중 어떤 단체에 너는 기부를 하고 싶으니? 왜?
- 미술관
- 보건 단체
- 환경 단체

Sample Answer

🎧 AT_10_Q7_A

I would prefer to make donations to health organizations. Generally, I can help people in need. It can improve the community. Additionally, it can make everyday life meaningful. I will get motivated to work harder.
So, I would prefer to make donations to health organizations.

나는 보건 단체에 기부를 하고 싶어.
일반적으로, 어려움에 처한 사람들을 도와줄 수 있어. 그것은 지역 사회를 발전시킬 수 있어. 게다가, 일상 생활을 의미 있게 만들 수 있어. 나는 동기 부여가 되어서 더 열심히 일할거야.
그래서, 나는 보건 단체에 기부를 하고 싶어.

어휘 people in need 어려움에 처한 사람들 | meaningful 의미 있는

TIP
보기가 새롭게 나올 것을 대비해 전반적인 기부의 장점을 미리 준비해 가면 당황하지 않고 답변할 수 있습니다.

Westwood Restaurant
300 Pine Street

Time	Date	Occasion	Note
7 – 9 P.M.	Feb. 5	Company dinner	Arrange tables in a circle
2 – 4 P.M.	Feb. 10	Birthday	
6 – 8 P.M.	Feb. 13	Jenny's retirement party	Outdoor events requested
12 – 2 P.M.	Feb. 17	Corporate luncheon	Prepare 15 vegetarian meals
5 – 7 P.M.	Feb. 20	Birthday	Set up a movie screen by 4 p.m.
10 A.M. – noon	Feb. 28	Corporate dinner	

웨스트우드 식당
파인 스트리트 300번지

시간	날짜	행사	특이 사항
오후 7시 – 9시	2월 5일	회사 만찬	원 모양으로 테이블 배치
오후 2시 – 4시	2월 10일	생일	
오후 6시 – 8시	2월 13일	제니의 은퇴 기념 파티	야외 행사 요청됨
오후 12시 – 2시	2월 17일	회사 오찬	15인분 채식 식사 준비
오후 5시 – 7시	2월 20일	생일	오후 4시까지 영화 스크린 준비
오전 10시 – 정오	2월 28일	회사 만찬	

Narration

Hi, I am one of the assistant managers at Westwood Restaurant. I want to check some details about reservations in February.

안녕하세요, 저는 웨스트우드 식당의 보조 매니저 중 한 명입니다. 2월 예약에 관해 자세한 사항을 확인하고 싶습니다.

Q8

What is the first event and what time will it start?

첫 번째 행사가 무엇이고 몇 시에 시작하나요?

Sample Answer

🎧 AT_10_Q8_A

From 7 to 9 P.M. on February fifth, there will be a company dinner event. Please note that we will need to arrange tables in a circle.

2월 5일 오후 7시부터 9시까지, 회사 만찬 행사가 있을 것입니다. 테이블을 원 모양으로 배치해야 한다는 점에 유의해 주세요.

어휘 need to + 동사 ~해야 한다 | arrange 배치하다, 준비하다 | in a circle 원 모양으로

As far as I know, the last event will be held on February 25, right?

제가 알기로, 마지막 행사가 2월 25에 열리는 것으로 알고 있는데요, 맞나요?

Sample Answer

🎧 AT_10_Q9_A

No, actually not. From 10 A.M. to noon on February twenty-eighth, there will be the last event, which is a corporate dinner.

아니요, 사실 그렇지 않습니다. 2월 28일 오전 10시부터 정오까지, 마지막 행사로 회식이 있을 것입니다.

어휘 last 마지막의 | corporate 회사의

I am in charge of preparing for birthday events. Could you please tell me all the details about birthday events which are scheduled?

저는 생일 행사 준비를 담당하고 있습니다. 예정된 생일 행사에 관한 모든 세부 사항을 말씀해 주실 수 있나요?

Sample Answer

🎧 AT_10_Q10_A

Sure. There are two birthday events scheduled. First, from 2 to 4 P.M. on February tenth, there will be the first birthday event. The second one will be held from 5 to 7 P.M. on February twentieth. Please note that we will need to set up a movie screen by 4 P.M.

물론입니다. 2개의 생일 행사가 예정되어 있습니다. 우선, 2월 10일 오후 2시부터 4시까지, 첫 번째 생일 행사가 있을 겁니다. 두 번째 생일 행사는 2월 20일 오후 5시부터 7시까지 개최될 것입니다. 영화 스크린을 오후 4시까지 준비해 놓아야 하는 사항을 유념해 주세요.

어휘 set up 준비하다, 마련하다 | by ~까지

Do you think there should be a lot of vending machines at schools? Why or why not?
Support your opinion with specific reasons and examples.

당신은 학교에 많은 자판기가 있어야 한다고 생각하나요? 왜 그런가요? 아니라면 왜 아닌가요? 구체적인 이유와 예시를 들어 당신의 의견을 뒷받침해 보세요.

Sample Answer 목표 Lev.5-6 🎧 AT_10_Q11_A1

I don't think there should be a lot of vending machines at schools.
I have some reasons to support my opinion. Buying some food from a vending machine is unhealthy and a waste of money. The food from a vending machine usually contains a lot of sugar or salt. It is bad for students' health.
So, I don't think there should be a lot of vending machines at schools.

저는 학교에 많은 자판기가 있어야 한다고 생각하지 않습니다.
제 의견을 뒷받침하는 이유가 있습니다. 자판기의 음식을 사 먹는 것은 건강에 좋지 않고 돈 낭비입니다. 자판기의 음식에는 대개 많은 설탕이나 소금이 들어 있습니다. 학생들의 건강에 나쁩니다.
그러므로, 저는 학교에 많은 자판기가 있어야 한다고 생각하지 않습니다.

어휘 unhealthy 건강하지 않은 | contain ~이 들어 있다 | be bad for ~에 나쁘다

 목표 Lev.7-8 아이들의 요리 교육이나 건강 관련 문제에도 비슷한 뒷받침 의견으로 주장할 수 있습니다. 목표 레벨 7-8인 학습자들은 보다 많은 어휘 학습과 자연스러운 발음 연습으로 답변을 준비하는 것이 좋습니다.

Sample Answer 🎧 AT_10_Q11_A2

I don't think there should be a lot of vending machines at schools.
I have some reasons and an example to support my opinion. Buying some food from a vending machine is unhealthy and a waste of money. The food from a vending machine usually contains a lot of sugar or salt. For example, there was a vending machine in my high school. Back then, I was often down in the dumps because of stress. I had to take more than 8 classes a day and cram for tests. As a way of blowing off some steam, I used the vending machines and I ate a lot of instant food. I was in the dark about nutrition. I gained a lot of weight and had bad skin. Now, I try avoiding vending machines for my health.
So, I don't think there should be a lot of vending machines at schools.

저는 학교에 많은 자판기가 있어야 한다고 생각하지 않습니다.
제 의견을 뒷받침하는 이유와 예시가 있습니다. 자판기의 음식을 사 먹는 것은 건강에 좋지 않고 돈 낭비입니다. 자판기의 음식에는 대개 많은 설탕이나 소금이 들어 있습니다.
예를 들어, 고등학교 시절에 자판기가 있었습니다. 그 시절에, 저는 가끔 스트레스로 기분이 우울했습니다. 저는 하루에 8과목 이상을 들어야 했고, 시험을 위한 벼락치기 공부도 해야 했습니다. 스트레스를 푸는 수단으로, 자판기를 이용하고 많은 인스턴트 음식을 먹었습니다. 영양에 대해 무지했습니다. 살이 많이 쪘고, 피부도 나빠졌습니다. 지금은, 건강을 위해 자판기를 멀리하려고 합니다.
그러므로, 저는 학교에 많은 자판기가 있어야 한다고 생각하지 않습니다.

어휘 back in ~ 시절에 | be[get] down in the dumps 우울해지다 | cram 벼락치기 공부를 하다 | as a way of ~를 하기 위한 수단으로 | blow off steam 스트레스를 풀다 | gain weight 살이 찌다

MEMO